L'art du marketing

Maîtriser les stratégies et les techniques pour réussir en affaires

fournit un guide complet du monde du marketing, couvrant des sujets essentiels tels que la compréhension du comportement des consommateurs, l'élaboration de stratégies marketing, l'exploitation des canaux numériques et l'établissement de relations clients à long terme. Ce livre explore également l'importance de la narration dans le marketing, la prise de décision basée sur les données et les pratiques de marketing éthiques. En mettant l'accent sur les tendances futures, il prépare les lecteurs à s'adapter et à innover dans un paysage marketing en évolution rapide. Que vous soyez entrepreneur, professionnel du marketing ou étudiant, ce livre vous permet d'acquérir les connaissances et les compétences nécessaires pour exceller dans l'art du marketing.

Chapitre 5 : Maîtrise du marketing digital

Partie 1: Optimisation des moteurs de recherche et marketing

Partie 2: Marketing et publicité des médias sociaux

Partie 3 : Marketing de contenu et stratégies entrantes

Partie 4: Marketing par courriel et automatisation du marketing

Chapitre 6 : Décisions marketing basées sur les données

Partie 1: Collecte et analyse des données marketing

Partie 2 : Tirer parti de l'analytique pour obtenir des informations sur les clients

Partie 3: Test A / B et optimisation

Partie 4 : Transformer les données en informations exploitables

Chapitre 7 : Campagnes de marketing créatif

Partie 1 : Éléments d'une campagne de marketing réussie

Partie 2 : Élaboration d'un concept de campagne

Partie 3 : Exécution et gestion des campagnes

Partie 4 : Mesure de l'efficacité et du retour sur investissement des campagnes

Chapitre 8 : Établir des relations à long terme avec les clients

Partie 1 : L'importance de la fidélisation de la clientèle

Partie 2 : Stratégies de gestion de la relation client (CRM)

Partie 3: Personnalisation et personnalisation dans le marketing

Partie 4 : Programmes de fidélisation et récompenses

Chapitre 9 : Pratiques de marketing éthiques

Partie 1 : Le rôle de l'éthique dans le marketing

Partie 2 : Naviguer dans la conformité légale et réglementaire

Partie 3 : Marketing socialement responsable

Partie 4 : Instaurer la confiance par la transparence et l'authenticité

Chapitre 10 : Tendances futures du marketing

Partie 1 : Le rôle croissant de l'intelligence artificielle et de l'apprentissage automatique

Partie 2 : L'impact de la réalité augmentée et virtuelle

Partie 3: L'essor du marketing vocal et conversationnel

Partie 4: Se préparer pour l'avenir du marketing et au-delà

Chapitre 1 : Principes fondamentaux du marketing

Partie 1: Le marketing mix: produit, prix, lieu et promotion

Le marketing mix est le fondement de toute stratégie marketing réussie. Il se compose de quatre éléments clés, connus sous le nom de 4P: produit, prix, lieu et promotion. Chacun de ces éléments joue un rôle essentiel dans la détermination du succès global d'une campagne de marketing. Dans cette partie, nous discuterons de chacun des 4P et de la façon dont ils travaillent ensemble pour créer une stratégie marketing cohérente.

1. Produit : Le premier élément du marketing mix est le produit lui-même. Il s'agit des biens ou services physiques qu'une entreprise offre à ses clients cibles. Un produit bien conçu répond aux besoins et aux désirs de son public cible, offrant des caractéristiques et des avantages uniques qui le distinguent de ses concurrents. Pour développer un produit réussi, les spécialistes du marketing doivent mener des études de marché approfondies pour identifier les besoins, les préférences et les points faibles des clients.

2. Prix: Le deuxième élément du marketing mix est le prix, qui fait référence au montant qu'un client est prêt à payer pour un produit ou un service. La stratégie de prix est cruciale car elle affecte directement les revenus, les marges bénéficiaires et la valeur perçue d'un produit. Les spécialistes du marketing doivent tenir compte de facteurs tels que les coûts de production, la demande du marché et les prix des concurrents pour fixer un prix optimal qui maximise la rentabilité tout en restant attrayant pour les clients.

3. Lieu : Le troisième élément du marketing mix est le place,

qui fait référence aux canaux de distribution utilisés pour mettre un produit ou un service à la disposition des clients. Le lieu englobe à la fois les emplacements physiques où un produit est vendu, tels que les magasins de détail, et les canaux numériques, tels que les plateformes de commerce électronique. Une stratégie de distribution efficace garantit que les produits sont facilement accessibles et facilement disponibles pour les clients cibles, ce qui augmente en fin de compte la probabilité d'un achat.

4. Promotion: Le dernier élément du marketing mix est la promotion, qui englobe toutes les activités de communication marketing visant à sensibiliser, à susciter l'intérêt et à stimuler les ventes. Les stratégies promotionnelles peuvent inclure la publicité, les relations publiques, le marketing des médias sociaux, le marketing de contenu et les promotions des ventes. Une campagne promotionnelle bien exécutée aide à créer la reconnaissance de la marque, à renforcer la confiance et la crédibilité, et à stimuler l'engagement des clients.

En résumé, le marketing mix est un cadre crucial qui aide les spécialistes du marketing à développer et à mettre en œuvre des stratégies marketing réussies. En examinant attentivement chacun des 4P (produit, prix, lieu et promotion), les spécialistes du marketing peuvent créer un plan cohérent qui s'aligne sur leurs objectifs commerciaux globaux et répond aux besoins de leurs clients cibles. Comprendre l'interaction entre ces éléments est essentiel pour créer une stratégie marketing solide et efficace qui favorise le succès de l'entreprise.

Partie 2: Segmentation et ciblage du marché

La segmentation et le ciblage du marché sont des éléments essentiels de toute stratégie marketing réussie. Ces processus impliquent de diviser un marché en groupes distincts de consommateurs ayant des besoins, des préférences et des comportements similaires, puis de concentrer les efforts de marketing sur les segments les plus susceptibles de devenir des clients fidèles. Dans cette partie, nous discuterons de l'importance de la segmentation et du ciblage du marché, ainsi que des différentes méthodes utilisées pour identifier et atteindre les publics cibles.

1. Importance de la segmentation et du ciblage du marché : La segmentation et le ciblage permettent aux entreprises d'identifier leurs clients les plus précieux, d'adapter leurs messages marketing et leurs offres de produits pour répondre aux besoins spécifiques de ces clients et d'allouer les ressources plus efficacement. En ciblant des segments spécifiques, les entreprises peuvent réaliser des ventes plus élevées, une meilleure fidélisation de la clientèle et une rentabilité globale améliorée.

2. Critères de segmentation des marchés: Les marchés peuvent être segmentés en fonction de divers facteurs, notamment les caractéristiques démographiques, géographiques, psychographiques et comportementales .

- La segmentation démographique consiste à diviser le marché en fonction de caractéristiques telles que l'âge, le sexe, le revenu, l'éducation et la taille de la famille.

- La segmentation géographique se concentre sur l'emplacement des clients, tels que leur pays, leur région ou leur ville.

- La segmentation psychographique considère les modes de vie, les valeurs, les attitudes et les intérêts des consommateurs.

- La segmentation comportementale est basée sur la façon dont les clients utilisent ou interagissent avec un produit, leurs habitudes d'achat et leur fidélité à la marque.

3. Identification des segments cibles: Après avoir segmenté le marché, les entreprises doivent évaluer l'attractivité et la viabilité de chaque segment pour déterminer lesquels sont les plus précieux et les plus utiles. Les facteurs à prendre en compte lors de l'évaluation des segments cibles comprennent la taille du segment, le potentiel de croissance, la rentabilité, le paysage concurrentiel et l'alignement avec les ressources et les capacités de l'entreprise.

4. Développer des stratégies de ciblage: Une fois les segments cibles identifiés, les entreprises doivent développer des stratégies pour atteindre efficacement ces clients. Il y a quatre stratégies de ciblage principales à considérer :

- Marketing (de masse) indifférencié: Cette approche consiste à cibler l'ensemble du marché avec un seul produit ou message marketing, visant à attirer le plus grand public possible.

- Marketing différencié (segmenté): Cette stratégie consiste à cibler plusieurs segments avec différents messages marketing et offres de produits adaptés aux besoins uniques de chaque segment.

- Marketing concentré (de niche): Cette approche se concentre sur un segment de marché unique et bien défini avec une offre de produits spécialisée ou un message marketing, répondant aux besoins spécifiques de ce segment.

- Micromarketing (marketing individualisé): Cette approche hautement personnalisée consiste à adapter les messages et les produits marketing à des clients individuels ou à de petits segments très spécifiques.

En conclusion, la segmentation et le ciblage du marché sont

des étapes essentielles dans le développement d'une stratégie marketing réussie. En comprenant les besoins et les préférences des différents groupes de consommateurs, les entreprises peuvent créer des messages marketing et des offres de produits personnalisés qui résonnent avec leurs publics cibles. Cette approche ciblée conduit à des campagnes marketing plus efficaces, à une fidélisation accrue de la clientèle et, en fin de compte, à une amélioration des performances commerciales.

Partie 3 : Positionnement et différenciation

Le positionnement et la différenciation sont des aspects cruciaux d'une stratégie marketing réussie. Le positionnement fait référence au processus de création d'une position unique et avantageuse pour un produit ou une marque dans l'esprit des clients cibles, tandis que la différenciation consiste à établir des différences distinctes entre un produit ou une marque et ses concurrents. Dans cette partie, nous discuterons de l'importance du positionnement et de la différenciation, ainsi que des stratégies que les entreprises peuvent utiliser pour se démarquer sur le marché.

1. Importance du positionnement et de la différenciation : Dans le marché hautement concurrentiel d'aujourd'hui, les entreprises doivent se différencier de leurs concurrents pour attirer et fidéliser les clients. Un positionnement et une différenciation efficaces peuvent conduire à une reconnaissance accrue de la marque, à la fidélité des clients et à la part de marché globale. En articulant clairement une proposition de valeur unique, les entreprises peuvent se démarquer de leurs concurrents et créer une raison convaincante pour les consommateurs de choisir leurs produits ou services.

2. Identification de la proposition de vente unique (USP): Une proposition de vente unique (USP) est une déclaration qui articule les principaux avantages, caractéristiques ou qualités d'un produit ou d'une marque qui le distinguent de ses concurrents. Pour identifier un USP, les entreprises doivent prendre en compte les facteurs suivants:

   - Quels sont les principaux besoins et désirs du marché cible?

   - Quelles caractéristiques ou avantages uniques le produit ou la marque offre-t-il qui répondent à ces besoins et désirs?

   - Comment le produit ou la marque se compare-t-il à ses

concurrents en termes de qualité, de valeur et d'expérience client?

- Quelles associations émotionnelles ou psychologiques peuvent être créées pour améliorer l'attrait du produit ou de la marque?

3. Stratégies de positionnement: Les entreprises peuvent utiliser diverses stratégies de positionnement pour créer une position unique et avantageuse dans l'esprit des clients cibles. Voici quelques stratégies de positionnement courantes :

- Positionnement des attributs ou des avantages : Mettre l'accent sur une caractéristique ou un avantage spécifique du produit qui le distingue de ses concurrents.

- Positionnement de prix ou de qualité: Se concentrer sur l'offre du prix le plus bas ou de la meilleure qualité sur le marché.

- Positionnement d'utilisation ou d'application : Mise en avant d'usages uniques ou innovants d'un produit ou d'un service.

- Positionnement basé sur la concurrence: Différencier un produit ou une marque en fonction de la façon dont il se compare à ses concurrents, soit en les surperformant, soit en occupant un créneau unique sur le marché.

- Positionnement émotionnel ou psychologique: Créer des liens émotionnels avec les consommateurs par le biais de l'image de marque, de la narration ou de valeurs partagées.

4. Communiquer le positionnement : Une fois qu'une stratégie de positionnement a été développée, elle doit être communiquée efficacement aux clients cibles. Cela peut être réalisé par divers canaux de marketing, tels que la publicité, les relations publiques, les médias sociaux, le marketing de contenu et la conception d'emballages. La cohérence est essentielle lors de la communication du positionnement, car elle contribue à renforcer la position unique de la marque dans l'esprit des consommateurs et à renforcer la confiance et la crédibilité au fil du temps.

En résumé, le positionnement et la différenciation sont des éléments essentiels d'une stratégie marketing réussie. En identifiant une proposition de vente unique et en mettant en œuvre des stratégies de positionnement efficaces, les entreprises peuvent créer une identité de marque forte et distincte qui résonne avec les clients cibles. Ceci, à son tour, peut conduire à une reconnaissance accrue de la marque, à la fidélité des clients et à la part de marché, ce qui conduit finalement au succès de l'entreprise.

Partie 4 : Construire une identité de marque forte

Une identité de marque forte est essentielle au succès de toute stratégie marketing. L'identité de marque fait référence aux éléments visuels, verbaux et émotionnels qui définissent la façon dont une entreprise se présente au monde et se distingue de ses concurrents. Dans cette partie, nous discuterons de l'importance d'une identité de marque forte et fournirons des lignes directrices pour construire et maintenir une image de marque cohérente et convaincante.

1. Importance d'une identité de marque forte : Une identité de marque forte aide les entreprises à se démarquer sur un marché encombré, à créer une impression durable sur les consommateurs et à favoriser la fidélité de la clientèle. Il aide également à transmettre les valeurs, la mission et la proposition de vente unique de l'entreprise, tout en renforçant la confiance et la crédibilité auprès des publics cibles.

2. Éléments de l'identité de marque : L'identité de marque se compose de plusieurs éléments clés, notamment :

- Logo: Un symbole ou un design unique et reconnaissable qui représente l'entreprise et est facilement identifiable par les consommateurs.

- Palette de couleurs : Un ensemble cohérent de couleurs utilisées dans tous les supports marketing et points de contact pour créer une image de marque cohérente.

- Typographie: La sélection et l'utilisation cohérente des polices pour transmettre la personnalité et le style de la marque.

- Imagerie : éléments visuels tels que des photographies, des illustrations et des graphiques utilisés pour transmettre le message de la marque et créer un lien émotionnel avec les consommateurs.

- Ton de la voix: Le style verbal cohérent et la personnalité utilisés dans toutes les communications écrites et orales.

3. Développer une identité de marque: Pour créer une identité de marque forte, les entreprises doivent suivre ces étapes:

- Définir les valeurs fondamentales de la marque: Identifier les croyances et les principes fondamentaux qui guident l'entreprise et sous-tendent sa raison d'être.

- Déterminer le public cible: Définir clairement le profil client idéal, en tenant compte des caractéristiques démographiques, psychographiques et comportementales.

- Élaborer une proposition de vente unique (USP): Articulez les principales caractéristiques ou avantages qui différencient la marque de ses concurrents et la rendent attrayante pour le public cible.

- Développer une personnalité de marque: Déterminez les caractéristiques et les traits que la marque doit incarner, tels que amical, autoritaire ou innovant.

- Créer une identité visuelle : Concevez un logo, choisissez une palette de couleurs et sélectionnez une typographie et des images qui reflètent la personnalité et les valeurs de la marque.

4. Maintenir la cohérence de la marque: Pour construire une identité de marque forte, les entreprises doivent maintenir la cohérence sur tous les canaux de marketing et points de contact. Cela inclut l'utilisation du même logo, de la même palette de couleurs, de la même typographie, de l'imagerie et du même ton de voix dans toutes les communications et de veiller à ce que les valeurs fondamentales de la marque et l'USP soient communiquées de manière cohérente. La cohérence contribue à renforcer l'identité de la marque dans l'esprit des consommateurs, en renforçant la confiance et la crédibilité au fil du temps.

En conclusion, la construction d'une identité de marque forte est un aspect crucial d'une stratégie marketing réussie. En définissant les valeurs fondamentales de la marque, son public cible et sa proposition de vente unique, et en développant une identité visuelle et verbale cohérente, les entreprises peuvent créer une impression durable sur les consommateurs et se différencier de leurs concurrents. Une identité de marque forte favorise la fidélité, la confiance et la crédibilité des clients, ce qui, en fin de compte, favorise le succès de l'entreprise.

Chapitre 2 : Comprendre le comportement des consommateurs

Partie 1 : Le processus décisionnel des consommateurs

Comprendre le comportement des consommateurs est essentiel pour créer des stratégies marketing efficaces. Le processus décisionnel du consommateur implique la série d'étapes que les consommateurs franchissent lorsqu'ils décident d'acheter un produit ou un service. Dans cette partie, nous discuterons des étapes du processus décisionnel du consommateur et explorerons les facteurs qui influencent les choix des consommateurs.

1. Étapes du processus décisionnel du consommateur : Le processus décisionnel du consommateur comprend généralement cinq étapes :

   - Reconnaissance des problèmes: Le consommateur se rend compte qu'il a un besoin ou un désir non satisfait, ce qui l'incite à chercher une solution.

- Recherche d'informations: Le consommateur recueille des informations sur les produits ou services potentiels qui peuvent répondre à son besoin ou à son désir. Cela peut impliquer une recherche en ligne, la recherche de recommandations d'amis ou la visite de magasins.

   - Évaluation des alternatives: Le consommateur compare les différents produits ou services disponibles, en tenant compte de facteurs tels que le prix, la qualité, les caractéristiques et la réputation de la marque.

   - Décision d'achat: Le consommateur sélectionne le produit ou le service qui répond le mieux à ses besoins et désirs et procède à l'achat.

- Comportement post-achat: Après l'achat, le consommateur évalue le produit ou le service en fonction de sa satisfaction à l'égard de ses performances, influençant finalement les décisions d'achat futures et la fidélité à la marque.

2. Facteurs influençant le comportement des consommateurs : Divers facteurs peuvent influencer le processus décisionnel des consommateurs, notamment :

- Facteurs personnels: Il s'agit notamment de caractéristiques individuelles telles que l'âge, le sexe, la personnalité, le mode de vie et le revenu.

- Facteurs psychologiques: Ceux-ci englobent des processus cognitifs tels que la motivation, la perception, l'apprentissage et les attitudes, qui façonnent la façon dont les consommateurs interprètent et répondent aux messages marketing.

- Facteurs sociaux: Ils impliquent l'influence de la famille, des amis, des groupes sociaux et des normes culturelles sur les choix des consommateurs.

- Facteurs situationnels: Il s'agit de circonstances ou de contextes spécifiques qui peuvent avoir un impact sur le comportement des consommateurs, tels que les contraintes de temps, l'humeur ou l'environnement physique.

3. Implications pour le marketing: Comprendre le processus de prise de décision des consommateurs et les facteurs qui l'influencent permet aux spécialistes du marketing de développer des stratégies de marketing plus efficaces. En identifiant les besoins et les désirs de leur public cible et les facteurs qui influencent leurs choix, les spécialistes du marketing peuvent créer des messages marketing personnalisés et des offres de produits qui résonnent avec les consommateurs. En outre, les spécialistes du marketing peuvent utiliser cette compréhension pour concevoir des campagnes marketing qui guident les consommateurs à chaque étape du processus de prise de décision, ce qui stimule les ventes et favorise la fidélité à la marque.

En résumé, le processus de prise de décision du consommateur est un aspect crucial de la compréhension du comportement des consommateurs. En reconnaissant les étapes du processus et les facteurs qui influencent les choix des consommateurs, les spécialistes du marketing peuvent développer des stratégies de marketing ciblées qui résonnent avec leur public et favorisent le succès de l'entreprise. Obtenir un aperçu du processus décisionnel des consommateurs permet aux entreprises de créer des messages marketing plus convaincants, d'adapter les offres de produits pour répondre aux besoins des consommateurs et, en fin de compte, de cultiver des relations durables avec les clients.

Partie 2 : Facteurs psychologiques influençant les choix des consommateurs

Les facteurs psychologiques jouent un rôle important dans la formation des choix et du comportement des consommateurs. Ces facteurs englobent les processus cognitifs et les états mentaux qui affectent la façon dont les consommateurs perçoivent, interprètent et réagissent aux stimuli marketing. Dans cette partie, nous discuterons des principaux facteurs psychologiques influençant les choix des consommateurs et de leurs implications pour les stratégies de marketing.

1. Motivation : La motivation fait référence à la motivation ou au désir interne qui incite les consommateurs à agir, comme l'achat d'un produit ou d'un service. Les consommateurs ont divers besoins et désirs qui motivent leur comportement, allant des besoins physiologiques de base (par exemple, la faim) aux besoins psychologiques de niveau supérieur (par exemple, l'estime de soi). Les spécialistes du marketing peuvent exploiter ces facteurs de motivation en créant des messages marketing et des offres de produits qui répondent aux besoins et aux désirs spécifiques des consommateurs.

2. Perception : La perception est le processus par lequel les consommateurs interprètent et donnent un sens aux informations qu'ils reçoivent du monde qui les entoure. Des facteurs tels que l'attention sélective, la distorsion sélective et la rétention sélective peuvent influencer la façon dont les consommateurs perçoivent les messages marketing et se forgent une opinion sur les produits ou les marques. Pour s'assurer que leurs messages marketing sont perçus efficacement, les spécialistes du marketing doivent créer un contenu clair, concis et convaincant qui se démarque de la concurrence et s'aligne sur les croyances et les attentes des consommateurs.

3. Apprentissage : L'apprentissage fait référence au processus par lequel les consommateurs acquièrent des connaissances, des compétences et des attitudes en fonction de leurs expériences et de leur exposition à des stimuli marketing. L'apprentissage peut se produire par l'expérience directe, l'observation ou le conditionnement, et peut façonner les préférences, les habitudes et la fidélité à la marque des consommateurs. Les spécialistes du marketing peuvent faciliter l'apprentissage en offrant aux consommateurs des expériences engageantes, informatives et mémorables, ainsi qu'en tirant parti de la répétition et du renforcement pour renforcer les associations de marques.

4. Mémoire: La mémoire implique le stockage et la récupération d'informations, ce qui peut influencer les processus de prise de décision et le comportement futur des consommateurs. Des facteurs tels que les effets de primauté et de récence, ainsi que le niveau de traitement, peuvent avoir une incidence sur la facilité avec laquelle les consommateurs se souviennent des messages marketing et des informations sur les produits. Pour améliorer la rétention de la mémoire, les spécialistes du marketing doivent créer des messages marketing mémorables et des expériences produit qui sont facilement traités et encodés dans la mémoire à long terme.

5. Attitudes: Les attitudes sont les évaluations mentales, les sentiments et les croyances que les consommateurs ont envers les produits, les marques ou les messages marketing. Les attitudes sont influencées par des composantes cognitives, affectives et comportementales et peuvent jouer un rôle important dans la formation des préférences des consommateurs et des décisions d'achat. Les spécialistes du marketing peuvent influencer les attitudes des consommateurs en créant des messages marketing persuasifs, en faisant appel aux émotions des consommateurs et en offrant des expériences produit positives.

En conclusion, comprendre les facteurs psychologiques qui influencent les choix des consommateurs est crucial pour créer des stratégies de marketing efficaces. En considérant le rôle de la motivation, de la perception, de l'apprentissage, de la mémoire et des attitudes, les spécialistes du marketing peuvent développer des messages marketing ciblés et des offres de produits qui résonnent avec les consommateurs et stimulent les comportements souhaités. En exploitant ces facteurs psychologiques, les spécialistes du marketing peuvent améliorer l'efficacité de leurs campagnes marketing, favoriser de solides relations entre les consommateurs et la marque et, en fin de compte, favoriser le succès de l'entreprise.

Partie 3 : Influences sociales et culturelles sur le comportement des consommateurs

Les facteurs sociaux et culturels ont un impact significatif sur le comportement des consommateurs, façonnant les choix que les consommateurs font et les préférences qu'ils développent. Ces influences proviennent de diverses sources, y compris la famille, les amis, les groupes sociaux et les normes culturelles. Dans cette partie, nous discuterons des principales influences sociales et culturelles sur le comportement des consommateurs et de leurs implications pour les stratégies de marketing.

1. Famille et amis : La famille et les amis peuvent influencer le comportement des consommateurs par leurs recommandations, leurs opinions et leurs expériences partagées. Les consommateurs recherchent souvent des conseils auprès de leur cercle social proche lorsqu'ils prennent des décisions d'achat, faisant du marketing de bouche à oreille et des références un outil puissant pour les entreprises. Les spécialistes du marketing peuvent tirer parti de l'influence de leur famille et de leurs amis en encourageant les clients satisfaits à partager leurs expériences et à recommander des produits ou des services à d'autres.

2. Groupes sociaux et groupes de référence : Les groupes sociaux, tels que les groupes de pairs, les associations professionnelles et les clubs, peuvent également façonner le comportement des consommateurs en établissant des normes, des valeurs et des attentes de groupe. Les groupes de référence, qui sont des groupes auxquels les individus aspirent ou auxquels ils s'identifient, peuvent influencer les choix de produits et les préférences de marque des consommateurs. Pour attirer des groupes sociaux et de référence spécifiques, les spécialistes du marketing peuvent créer des messages marketing ciblés qui résonnent avec les valeurs et les aspirations de ces groupes, ainsi que collaborer avec des membres influents du groupe ou des ambassadeurs.

3. Classe sociale: La classe sociale, définie par des facteurs tels que le revenu, l'éducation et la profession, peut influencer le pouvoir d'achat des consommateurs, leurs préférences en matière de produits et leur fidélité à la marque. Les différentes classes sociales ont souvent des habitudes de consommation, des préférences et des valeurs distinctes, ce qui peut avoir un impact sur leur réponse aux messages marketing et aux offres de produits. Les spécialistes du marketing peuvent adapter leurs stratégies marketing pour attirer des classes sociales spécifiques en comprenant et en répondant à leurs besoins, désirs et préférences uniques.

4. Culture et sous-culture : La culture fait référence aux croyances, valeurs, coutumes et comportements partagés d'un groupe ou d'une société particulière, tandis que la sous-culture englobe les croyances et les comportements distincts de petits groupes au sein d'une culture plus vaste. Les facteurs culturels et sous-culturels peuvent influencer considérablement les attitudes, les préférences et les habitudes de consommation des consommateurs. Pour répondre aux divers groupes culturels et sous-culturels, les spécialistes du marketing peuvent créer des messages marketing adaptés à la culture, offrir des produits et des services qui correspondent à des valeurs culturelles spécifiques et adapter leurs stratégies de marketing pour tenir compte des nuances et des préférences culturelles.

5. Leaders d'opinion et influenceurs: Les leaders d'opinion et les influenceurs sont des individus qui ont un impact significatif sur les opinions et les comportements des autres en raison de leur expertise, de leur charisme ou de leur statut social perçus. Ces personnes peuvent façonner le comportement des consommateurs en approuvant des produits, en partageant leurs expériences ou en offrant des conseils. Les spécialistes du marketing peuvent collaborer avec des leaders d'opinion et des influenceurs pour promouvoir leurs produits ou services, en tirant

parti de leur crédibilité et de leur portée pour influencer les choix des consommateurs.

En conclusion, comprendre les influences sociales et culturelles sur le comportement des consommateurs est crucial pour créer des stratégies marketing efficaces. En tenant compte de l'impact de la famille et des amis, des groupes sociaux et de référence, de la classe sociale, de la culture et de la sous-culture, des leaders d'opinion et des influenceurs, les spécialistes du marketing peuvent développer des messages marketing ciblés et des offres de produits qui résonnent avec leur public et stimulent les comportements souhaités. En exploitant ces facteurs sociaux et culturels, les spécialistes du marketing peuvent améliorer l'efficacité de leurs campagnes marketing, favoriser de solides relations entre les consommateurs et la marque et, en fin de compte, favoriser le succès de l'entreprise.

Partie 4 : Tirer parti des connaissances des consommateurs pour un marketing efficace

Les connaissances des consommateurs, ou la compréhension approfondie des besoins, des préférences et des motivations des consommateurs, sont inestimables pour développer des stratégies de marketing efficaces. En tirant parti de ces informations, les spécialistes du marketing peuvent créer des messages marketing ciblés, des offres de produits et des expériences client qui résonnent avec leur public et stimulent les comportements souhaités. Dans cette partie, nous discuterons de la façon de tirer parti des informations sur les consommateurs pour un marketing efficace.

1. Réalisation d'études de marché : Les études de marché sont essentielles pour obtenir des informations sur les consommateurs et comprendre les besoins, les préférences et les motivations du public cible. Diverses méthodes de recherche, telles que des enquêtes, des entretiens, des groupes de discussion et des études observationnelles, peuvent être utilisées pour recueillir des données sur le comportement des consommateurs. En outre, les spécialistes du marketing peuvent analyser des données secondaires, telles que les rapports de l'industrie et les tendances des médias sociaux, pour mieux comprendre les préférences des consommateurs et les tendances des marchés émergents.

2. Développer des personas clients : Les personas clients sont des représentations fictives du public cible, créées à partir d'informations sur les consommateurs recueillies à partir d'études de marché. En développant des personas clients détaillés, les spécialistes du marketing peuvent mieux comprendre les besoins, les préférences et les motivations de leur public, ce qui leur permet de créer des messages marketing personnalisés et des offres de produits qui résonnent avec leur public.

3. Création de stratégies de segmentation: La segmentation consiste à diviser le public cible en groupes plus petits et homogènes en fonction de caractéristiques partagées, telles que la démographie, la psychographie ou le comportement. En tirant parti des connaissances des consommateurs pour créer des stratégies de segmentation efficaces, les spécialistes du marketing peuvent développer des campagnes marketing ciblées et des offres de produits qui répondent aux besoins et préférences uniques de chaque segment, ce qui stimule ainsi l'engagement et les ventes.

4. Personnalisation des messages marketing : La personnalisation consiste à adapter les messages marketing et les expériences client pour répondre aux besoins et aux préférences individuels de chaque consommateur. En tirant parti des informations des consommateurs pour personnaliser les messages marketing, les spécialistes du marketing peuvent créer un contenu plus pertinent et attrayant qui résonne avec leur public, augmentant ainsi la probabilité de conversion et favorisant la fidélité des clients.

5. Améliorer le développement de produits : Les connaissances des consommateurs peuvent également éclairer le développement de produits en identifiant les besoins, les préférences et les points faibles non satisfaits au sein du marché cible. En intégrant ces informations dans la conception et le développement de produits, les spécialistes du marketing peuvent créer des produits qui répondent mieux aux besoins de leur public, se différencient de leurs concurrents et, en fin de compte, stimulent les ventes.

6. Surveillance et adaptation: Les préférences et les comportements des consommateurs évoluent constamment, ce qui rend essentiel pour les spécialistes du marketing de surveiller et d'adapter continuellement leurs stratégies marketing en fonction des nouvelles connaissances des consommateurs. En

se tenant au courant des changements dans le comportement des consommateurs et les tendances du marché, les spécialistes du marketing peuvent ajuster leurs messages marketing, leurs offres de produits et leurs expériences client pour rester pertinents et efficaces.

En conclusion, tirer parti des informations des consommateurs est crucial pour développer des stratégies marketing efficaces qui résonnent avec le public cible et stimulent les comportements souhaités. En menant des études de marché, en développant des personas clients, en créant des stratégies de segmentation, en personnalisant les messages marketing, en améliorant le développement de produits, en surveillant et en s'adaptant aux changements de comportement des consommateurs, les spécialistes du marketing peuvent créer des campagnes marketing convaincantes qui favorisent de solides relations entre le consommateur et la marque et, en fin de compte, favorisent le succès de l'entreprise.

Chapitre 3 : Élaborer une stratégie marketing convaincante

Partie 1 : Fixer des objectifs marketing clairs

Une stratégie marketing convaincante commence par la définition d'objectifs marketing clairs qui s'alignent sur les objectifs commerciaux globaux. Ces objectifs servent de feuille de route pour les activités de marketing et aident à mesurer l'efficacité de la stratégie. Dans cette partie, nous discuterons de l'importance de fixer des objectifs marketing clairs et fournirons des conseils sur la façon de les établir.

1. Importance des objectifs marketing : Les objectifs marketing sont essentiels pour plusieurs raisons :

- Orientation : Des objectifs clairs orientent les activités de marketing, en veillant à ce que les ressources soient allouées efficacement et que les efforts de marketing soient axés sur l'atteinte de résultats précis.

- Alignement: Les objectifs garantissent que les activités de marketing s'alignent sur les objectifs commerciaux globaux, soutenant la vision stratégique plus large de l'entreprise.

- Mesure: En établissant des objectifs mesurables, les spécialistes du marketing peuvent suivre les progrès et le succès de leurs efforts de marketing, ce qui facilite l'identification des domaines à améliorer et l'ajustement de la stratégie en conséquence.

2. Caractéristiques des objectifs de marketing efficaces : Pour être efficaces, les objectifs de marketing doivent être :

- Spécifique: Les objectifs doivent être précis et clairement définis, fournissant une compréhension claire de ce que les efforts de marketing visent à atteindre.

- Mesurable : Les objectifs doivent être quantifiables, permettant aux spécialistes du marketing de suivre les progrès et d'évaluer l'efficacité de la stratégie.

- Atteignable: Les objectifs doivent être réalistes et réalisables, compte tenu des ressources disponibles, des conditions du marché et de la concurrence.

- Pertinent : Les objectifs doivent correspondre aux buts généraux de l'entreprise et être pertinents pour le public cible et le marché.

- Limité dans le temps: Les objectifs doivent avoir un calendrier spécifique, créant un sentiment d'urgence et permettant aux spécialistes du marketing d'évaluer le succès de la stratégie dans un délai défini.

3. Établissement d'objectifs de marketing : Pour établir des objectifs de marketing efficaces, tenez compte des étapes suivantes :

- Examiner les objectifs commerciaux globaux et identifier comment le marketing peut soutenir ces objectifs. Cela peut impliquer d'accroître la notoriété de la marque, de stimuler les ventes ou d'améliorer la fidélisation de la clientèle.

- Mener des études de marché pour mieux comprendre le public cible, la concurrence et les tendances du marché. Cette information aidera à éclairer les objectifs de marketing et à s'assurer qu'ils sont pertinents et réalisables.

- Identifier des objectifs spécifiques et mesurables pour chaque objectif marketing. Ceux-ci peuvent inclure des mesures telles que le trafic sur le site Web, l'engagement sur les réseaux sociaux, la génération de prospects ou le chiffre d'affaires.

- Établir un calendrier pour atteindre les objectifs, en fixant des buts à court et à long terme qui s'alignent sur la stratégie globale de l'entreprise.

- Communiquer les objectifs marketing à l'équipe marketing et aux parties prenantes concernées, en veillant à ce que tout le monde soit aligné et travaille vers les mêmes objectifs.

En résumé, l'établissement d'objectifs marketing clairs est une première étape essentielle dans l'élaboration d'une stratégie marketing convaincante. En établissant des objectifs spécifiques, mesurables, réalisables, pertinents et limités dans le temps, les spécialistes du marketing peuvent créer un plan marketing ciblé et efficace qui s'aligne sur les objectifs commerciaux globaux, génère les résultats souhaités et favorise le succès à long terme.

Partie 2: Analyse des opportunités et des menaces du marché

Une analyse approfondie des opportunités et des menaces du marché est cruciale pour élaborer une stratégie marketing réussie. En comprenant les facteurs externes qui peuvent avoir un impact positif ou négatif sur l'entreprise, les spécialistes du marketing peuvent prendre des décisions éclairées et adapter leurs efforts de marketing pour tirer parti des opportunités et atténuer les risques. Dans cette partie, nous discuterons de l'importance d'analyser les opportunités et les menaces du marché et fournirons des conseils sur la façon de mener cette analyse.

1. Importance de l'analyse de marché : Il est essentiel de procéder à une analyse complète du marché pour plusieurs raisons :

- Identifier les opportunités: En analysant le marché, les spécialistes du marketing peuvent découvrir des opportunités inexploitées qui peuvent stimuler la croissance de l'entreprise, telles que les tendances émergentes, les lacunes du marché ou de nouveaux segments cibles.

- Reconnaître les menaces: L'analyse de marché aide également à identifier les risques et les défis potentiels, tels qu'une concurrence accrue, l'évolution des préférences des consommateurs ou des changements réglementaires, ce qui permet aux entreprises de se préparer et de s'adapter en conséquence.

- Stratégie d'orientation: Une analyse approfondie du marché éclaire la stratégie marketing, aidant les entreprises à hiérarchiser leurs efforts, à allouer efficacement les ressources et à adapter leurs messages marketing et leurs offres de produits aux besoins et aux préférences du marché.

2. Analyse du marché: Pour analyser les opportunités et les menaces du marché, envisagez les étapes suivantes:

Aperçu de l'industrie: Commencez par évaluer le paysage global de l'industrie, y compris la taille du marché, les tendances de croissance, les principaux acteurs et les facteurs spécifiques à l'industrie qui peuvent avoir une incidence sur l'entreprise.

- Analyse de la concurrence: Analyser la concurrence, en examinant leur part de marché, leurs offres de produits, leurs stratégies de marketing, leurs forces et leurs faiblesses. Identifiez les avantages concurrentiels potentiels qui peuvent être exploités pour différencier l'entreprise.

- Analyse des consommateurs: Étudiez le public cible, en explorant leurs besoins, leurs préférences, leurs points faibles et leurs motivations. Identifiez les besoins non satisfaits ou les lacunes du marché que l'entreprise peut combler.

- Tendances du marché: Examiner les tendances actuelles et émergentes du marché qui peuvent créer des opportunités ou des menaces, telles que les progrès technologiques, les changements dans le comportement des consommateurs ou les changements dans l'environnement économique ou réglementaire.

3. Utilisation de l'analyse de marché dans la stratégie marketing:

- Capitaliser sur les opportunités: Utilisez les informations tirées de l'analyse de marché pour identifier et hiérarchiser les efforts de marketing qui exploitent les opportunités du marché. Cela peut impliquer de cibler de nouveaux segments de marché, de répondre à des besoins non satisfaits ou d'adapter les offres de produits pour tirer parti des tendances émergentes.

- Atténuer les menaces : Élaborer des stratégies pour faire face aux menaces identifiées, telles que l'amélioration de l'offre de produits, l'amélioration des messages marketing ou l'ajustement des stratégies de prix pour rester compétitif.

- Se différencier des concurrents: Tirez parti de l'analyse de la concurrence pour différencier l'entreprise de ses concurrents, en mettant en évidence des arguments de vente uniques, en ciblant les segments de marché mal desservis ou en positionnant la marque pour faire appel aux préférences spécifiques des consommateurs.

En conclusion, l'analyse des opportunités et des menaces du marché est une étape cruciale dans l'élaboration d'une stratégie marketing convaincante. En effectuant une analyse approfondie du marché, les spécialistes du marketing peuvent identifier et hiérarchiser les opportunités, reconnaître et gérer les risques potentiels et différencier leur entreprise de la concurrence. Ce processus mène finalement à l'élaboration d'une stratégie de marketing adaptée aux besoins et aux préférences du marché, ce qui augmente les chances de succès de l'entreprise.

Partie 3 : Évaluation de l'avantage concurrentiel

Un avantage concurrentiel est une caractéristique unique qui permet à une entreprise de surpasser ses concurrents. L'identification et l'exploitation de ces avantages sont cruciales pour développer une stratégie marketing efficace qui différencie l'entreprise sur le marché et attire les clients. Dans cette partie, nous discuterons de l'importance d'évaluer les avantages concurrentiels et fournirons des conseils sur la façon d'identifier et d'exploiter ces avantages dans la stratégie marketing.

1. Importance de l'avantage concurrentiel : Un avantage concurrentiel est essentiel pour plusieurs raisons :

  - Différenciation: Un avantage concurrentiel aide une entreprise à se démarquer de ses concurrents en offrant une valeur unique aux clients.

  - Attraction des clients: En mettant en évidence un avantage concurrentiel, les entreprises peuvent attirer des clients qui recherchent spécifiquement les avantages uniques que l'entreprise offre.

  - Rentabilité: Un avantage concurrentiel peut stimuler la rentabilité en permettant à une entreprise de facturer une prime pour son offre unique ou en attirant une plus grande part de marché.

  - Position sur le marché: Un avantage concurrentiel fort peut solidifier la position d'une entreprise sur le marché et créer une barrière à l'entrée pour les concurrents potentiels.

2. Détermination des avantages concurrentiels : Pour déterminer les avantages concurrentiels, tenez compte des facteurs suivants :

  - Caractéristiques du produit ou du service : Évaluez les attributs uniques de l'offre de produit ou de service, tels que la qualité, la fonctionnalité, la conception ou l'innovation.

- Réputation de la marque: Évaluer la réputation de la marque, y compris la notoriété de la marque, la fidélité de la clientèle et la qualité ou la valeur perçue.

- Service client : Analyser le niveau de service client fourni, comme la réactivité, la personnalisation ou le support après-vente.

- Canaux de distribution : Examinez l'efficacité et la portée des canaux de distribution, y compris la présence en ligne, les partenariats de vente au détail ou les capacités de vente directe.

- Stratégie de tarification: Évaluez la stratégie de tarification et si elle offre un avantage unique, tel qu'une approche de leadership en matière de coûts ou de tarification premium.

- Capacités organisationnelles: Identifiez toutes les capacités organisationnelles uniques, telles que l'efficacité opérationnelle, l'expertise technologique ou une main-d'œuvre qualifiée.

3. Tirer parti des avantages concurrentiels dans la stratégie de marketing :

- Communiquer l'avantage: Mettez en évidence l'avantage concurrentiel dans les messages marketing, en mettant en valeur la proposition de valeur unique que l'entreprise offre aux clients.

- Cibler le bon public: Identifier et cibler les segments de clientèle qui valorisent l'avantage concurrentiel, en concentrant les efforts de marketing sur l'attraction des clients les plus susceptibles d'apprécier l'offre unique.

- Améliorer l'avantage: Améliorer et innover continuellement pour renforcer l'avantage concurrentiel, en veillant à ce que l'entreprise reste en avance sur ses concurrents.

- Surveiller la concurrence: Gardez un œil attentif sur les concurrents, en restant informé de tout changement dans leurs offres ou stratégies qui pourrait avoir un impact sur l'avantage concurrentiel.

En conclusion, l'évaluation de l'avantage concurrentiel est une étape cruciale dans l'élaboration d'une stratégie marketing convaincante. En identifiant et en exploitant les avantages uniques d'une entreprise, les spécialistes du marketing peuvent créer une stratégie marketing différenciée qui attire les clients et stimule la rentabilité. Ce processus conduit finalement à une position plus forte sur le marché et à un succès commercial à long terme.

Partie 4 : Élaboration d'un plan d'action cohésif en matière de marketing

Une fois que les objectifs de marketing, les opportunités de marché et les avantages concurrentiels ont été identifiés, l'étape suivante consiste à élaborer un plan d'action marketing cohérent. Ce plan décrit les tactiques et les activités de marketing spécifiques qui seront mises en œuvre pour atteindre les objectifs de marketing, tirer parti des opportunités du marché et tirer parti des avantages concurrentiels. Dans cette partie, nous discuterons de l'importance d'élaborer un plan d'action marketing cohérent et fournirons des conseils sur la façon d'en créer un.

1. Importance d'un plan d'action marketing : Un plan d'action marketing est essentiel pour plusieurs raisons :

- Orientation : Le plan fournit une orientation claire pour les efforts de marketing, en veillant à ce que les ressources soient allouées efficacement et que les activités soient ciblées sur la réalisation des objectifs de marketing.

- Coordination: Un plan d'action cohérent aide à coordonner les activités de marketing entre les différents canaux, équipes et parties prenantes, assurant un message marketing cohérent et unifié.

- Mesure: Le plan établit un cadre pour mesurer le succès des efforts de marketing, permettant aux spécialistes du marketing de suivre les progrès, d'identifier les domaines à améliorer et d'ajuster la stratégie au besoin.

2. Composantes d'un plan d'action marketing : Un plan d'action de marketing complet devrait comprendre les éléments suivants :

- Objectifs marketing: Énoncez clairement les objectifs marketing spécifiques, mesurables, réalisables, pertinents et limités dans le temps que le plan vise à atteindre.

- Public cible: Définissez les segments de public cible

sur lesquels les efforts de marketing seront concentrés, y compris les caractéristiques démographiques, psychographiques et comportementales.

- Canaux de marketing: Identifiez les canaux de marketing qui seront utilisés pour atteindre le public cible, tels que les canaux numériques (médias sociaux, courriel, marketing de contenu), les canaux traditionnels (imprimé, radio, télévision) ou les événements et le marketing expérientiel.

- Tactiques de marketing: Décrivez les tactiques de marketing spécifiques qui seront mises en œuvre dans chaque canal, telles que la création de contenu, les campagnes publicitaires ou les activités promotionnelles.

- Chronologie : Établissez un calendrier pour la mise en œuvre des activités de marketing, en précisant les dates de début et de fin de chaque tactique ou campagne.

- Budget: Allouer un budget pour chaque activité de marketing, en veillant à ce que les ressources soient distribuées efficacement et alignées sur les objectifs marketing.

- Indicateurs clés de performance (KPI): Définissez les KPI qui seront utilisés pour mesurer le succès des efforts marketing, tels que le trafic du site Web, les taux de conversion ou le chiffre d'affaires.

3. Élaboration d'un plan d'action marketing cohérent : Pour créer un plan d'action marketing cohérent, envisagez les étapes suivantes :

- Examiner les objectifs marketing, l'analyse de marché et les avantages concurrentiels, en veillant à ce que les activités de marketing soient alignées sur ces informations.

- Réfléchissez aux tactiques et aux activités de marketing qui permettront d'atteindre efficacement les objectifs de marketing, de tirer parti des opportunités du marché et de tirer parti des avantages concurrentiels.

- Hiérarchiser les activités de marketing en fonction de leur impact potentiel, de leur faisabilité et de leur alignement avec les objectifs marketing et les préférences du public cible.

- Créez un plan détaillé, décrivant les tactiques de marketing spécifiques, les canaux, le calendrier, le budget et les KPI pour chaque activité.

- Communiquer le plan d'action marketing à l'équipe marketing et aux parties prenantes concernées, en veillant à ce que tout le monde soit aligné et travaille vers les mêmes objectifs.

En conclusion, l'élaboration d'un plan d'action marketing cohérent est une étape cruciale dans l'élaboration d'une stratégie marketing convaincante. En décrivant les tactiques de marketing, les canaux, le calendrier, le budget et les KPI spécifiques qui seront mis en œuvre pour atteindre les objectifs marketing, les spécialistes du marketing peuvent créer un plan marketing ciblé et efficace qui génère les résultats souhaités et favorise le succès à long terme.

Chapitre 4 : Le pouvoir de la narration dans le marketing

Partie 1 : La science et l'art de raconter des histoires

La narration fait partie intégrante de la communication humaine depuis des milliers d'années. En marketing, la narration est un outil puissant pour se connecter avec le public et transmettre des messages d'une manière mémorable, engageante et émotionnellement percutante. Dans cette partie, nous explorerons la science et l'art de la narration, discuterons de son importance dans le marketing et fournirons des conseils sur la façon d'intégrer la narration dans les efforts de marketing.

1. Importance de la narration dans le marketing: La narration est cruciale dans le marketing pour plusieurs raisons:

- Connexion émotionnelle: Les histoires évoquent des émotions, ce qui permet au public de se connecter plus facilement à une marque, un produit ou un message à un niveau plus profond.

- Mémorisation: Les histoires sont plus mémorables que les faits ou les statistiques, ce qui augmente la probabilité que le public se souvienne du message marketing.

- Persuasion: Les histoires peuvent être persuasives, aidant à influencer le public et à façonner leurs perceptions, attitudes ou comportements.

- Différenciation: Une histoire convaincante peut différencier une marque de ses concurrents, en soulignant sa proposition de valeur unique et en favorisant la fidélité à la marque.

2. La science de la narration : Plusieurs facteurs psychologiques contribuent au pouvoir de la narration :

Traitement neurologique: Les histoires activent plusieurs zones du cerveau, y compris celles responsables du traitement sensoriel, des émotions et de la mémoire, ce qui les rend plus attrayantes et mémorables.

- Empathie : Lors de l'écoute d'une histoire, les gens ont tendance à sympathiser avec les personnages, à vivre leurs émotions et à s'investir davantage dans le récit.

- Facilité cognitive: Les histoires suivent une structure familière et utilisent souvent des personnages et des situations auxquels on peut s'identifier, ce qui les rend faciles à comprendre et à traiter pour le public.

3. L'art de raconter des histoires : Pour intégrer la narration dans les efforts de marketing, tenez compte des éléments suivants :

- Structure: Une structure d'histoire classique comprend un début (mettre en scène et introduire les personnages), un milieu (présenter des défis ou des conflits) et une fin (résoudre les défis et offrir un plat à emporter). Cette structure peut être adaptée à divers formats marketing, tels que des publicités, des articles de blog ou des études de cas.

- Personnages : Développez des personnages auxquels on peut s'identifier et qui sont convaincants, tels que les clients, les employés ou la marque elle-même, pour engager le public et susciter l'empathie.

- Conflit : introduisez un conflit ou un défi que les personnages doivent surmonter, tel qu'un problème auquel le public cible est confronté, que le produit ou le service peut aider à résoudre.

- Résolution : Proposez une résolution au conflit, en montrant comment le produit ou le service peut avoir un impact positif sur les personnages ou le public cible.

- À retenir : Concluez l'histoire avec un point à retenir clair, comme un appel à l'action, un message clé ou une leçon apprise.

En résumé, le pouvoir de la narration réside dans sa capacité à évoquer des émotions, à créer des expériences mémorables et à influencer les perceptions du public. En comprenant la science et l'art de la narration, les spécialistes du marketing peuvent intégrer des histoires dans leurs efforts de marketing pour se connecter avec le public, transmettre efficacement des messages et différencier leur marque de leurs concurrents.

Partie 2: Façonner l'histoire de votre marque

La création d'une histoire de marque convaincante est cruciale pour établir un lien émotionnel avec votre public cible, différencier votre marque de vos concurrents et transmettre la proposition de valeur unique de votre marque. Dans cette partie, nous discuterons du processus d'élaboration de l'histoire de votre marque et fournirons des conseils sur la façon de l'intégrer efficacement dans vos efforts de marketing.

1. Définir les valeurs fondamentales de votre marque: Le fondement de l'histoire de votre marque réside dans ses valeurs fondamentales, qui sont les principes et les croyances qui guident les actions et la prise de décision de votre entreprise. Commencez par identifier et articuler les valeurs fondamentales de votre marque, telles que l'innovation, la durabilité ou l'orientation client. Ces valeurs doivent être authentiques, significatives et alignées sur la mission et la vision de votre marque.

2. Développer le récit de votre marque: Avec vos valeurs fondamentales en place, vous pouvez commencer à développer le récit de votre marque. Ce récit doit être enraciné dans vos valeurs et communiquer ce qui distingue votre marque de ses concurrents. Tenez compte des éléments suivants lors de l'élaboration du récit de votre marque :

- Histoire d'origine: Partagez l'histoire de la création de votre entreprise, de ce qui a inspiré sa création et de son évolution au fil du temps.

- But: Articulez clairement l'objectif de votre marque, ou la raison pour laquelle elle existe au-delà de la réalisation d'un profit. Cet objectif doit être significatif, inspirant et aligné sur vos valeurs fondamentales.

- Témoignages de clients : présentez des histoires de clients réels qui démontrent comment votre marque a eu un impact positif sur leur vie ou a résolu leurs problèmes.

- Vision d'avenir : peignez une image de la vision future de votre marque, en décrivant comment elle vise à continuer à faire la différence et à créer de la valeur pour ses clients et ses parties prenantes.

3. Intégrer l'histoire de votre marque dans les efforts de marketing: Une fois que vous avez conçu l'histoire de votre marque, il est essentiel de l'intégrer dans vos efforts de marketing. Voici quelques conseils pour le faire efficacement :

- Cohérence : assurez-vous que l'histoire de votre marque est communiquée de manière cohérente sur tous les canaux et points de contact marketing, tels que votre site Web, vos médias sociaux et vos campagnes publicitaires.

- Formats de narration: Utilisez divers formats de narration, tels que du contenu écrit, des vidéos, des podcasts ou des événements, pour transmettre l'histoire de votre marque d'une manière qui résonne avec votre public cible.

- Défense des employés: Encouragez les employés à partager l'histoire de votre marque avec leurs réseaux, favorisant ainsi un sentiment de fierté et d'appartenance aux valeurs et au récit de l'entreprise.

- Brand Collateral: Intégrez l'histoire de votre marque dans son identité visuelle, y compris la conception du logo, l'emballage et le matériel promotionnel, pour créer une expérience de marque cohérente.

4. Mesurer l'impact de l'histoire de votre marque : Pour évaluer l'efficacité de l'histoire de votre marque, établissez des indicateurs de performance clés (KPI) qui correspondent à vos objectifs marketing, tels que la notoriété de la marque , l'engagement ou la fidélité des clients. Suivez ces KPI au fil du temps pour évaluer l'impact de vos efforts de narration et identifier les domaines à améliorer.

En conclusion, l'élaboration de l'histoire de votre marque est un élément essentiel des efforts de marketing réussis. En définissant les valeurs fondamentales de votre marque, en développant un récit convaincant, en intégrant l'histoire dans vos efforts de marketing et en mesurant son impact, vous pouvez favoriser les liens émotionnels avec votre public, différencier votre marque de vos concurrents et créer une fidélité durable à la marque.

Partie 3 : Intégrer la narration dans les communications marketing

L'intégration efficace de la narration dans les communications marketing permet de créer un contenu plus engageant, mémorable et émotionnellement résonnant. Dans cette partie, nous discuterons des différents canaux de communication marketing et fournirons des conseils sur la façon d'intégrer la narration dans chaque canal pour maximiser son impact.

1. Marketing de contenu: Le marketing de contenu offre une excellente occasion de partager l'histoire de votre marque par le biais d'articles de blog, d'articles, de livres blancs ou de livres électroniques. Créez un contenu qui tisse le récit de votre marque dans des sujets qui intéressent votre public cible, mettant en valeur votre expertise et fournissant des informations précieuses tout en renforçant les valeurs fondamentales et l'objectif de votre marque.

2. Marketing des médias sociaux: Les plateformes de médias sociaux offrent un moyen unique de se connecter avec votre public à un niveau personnel. Partagez des histoires sur votre marque, vos clients, vos employés ou votre secteur d'activité qui trouvent un écho auprès de vos abonnés. Utilisez un mélange de formats, tels que des images, des vidéos et du texte, pour créer un contenu attrayant qui encourage le partage et l'interaction.

3. Marketing par e-mail: Les campagnes par e-mail peuvent être un canal efficace pour partager des histoires avec vos abonnés. Créez un contenu d'e-mail convaincant qui intègre des éléments de narration, tels que des histoires de réussite client, des regards en coulisses de votre entreprise ou des récits qui mettent en valeur les valeurs et l'objectif de votre marque.

4. Publicité: L'intégration de la narration dans les campagnes

publicitaires peut les rendre plus mémorables et persuasives. Créez des publicités qui racontent une histoire, que ce soit à travers une seule image, une série d'images ou une vidéo. Concentrez-vous sur la transmission de la proposition de valeur unique de votre marque et sur la connexion émotionnelle avec votre public.

5. Relations publiques: Tirez parti de la narration dans vos efforts de relations publiques en rédigeant des communiqués de presse, des présentations médiatiques et des articles qui partagent des histoires convaincantes sur votre marque, vos produits ou vos services. Mettez en valeur les réalisations, les innovations ou l'impact social de votre entreprise et positionnez votre marque en tant que leader de l'industrie ou acteur du changement.

6. Événements et marketing expérientiel : Les événements en personne et virtuels offrent l'occasion de donner vie à l'histoire de votre marque grâce à des expériences immersives. Créez des thèmes d'événements, des présentations ou des activités qui mettent en valeur le récit de votre marque et connectez-vous avec les participants sur le plan émotionnel.

7. Marketing vidéo: La vidéo est un moyen puissant pour la narration, car elle combine des visuels, de l'audio et de la narration pour créer une expérience captivante. Développez des vidéos qui partagent l'histoire de votre marque ou mettent en valeur les expériences client, en intégrant des éléments tels que des interviews, des témoignages ou des vidéos explicatives animées.

Pour intégrer efficacement la narration dans les communications marketing, gardez à l'esprit les meilleures pratiques suivantes :

- Maintenez la cohérence : assurez-vous que l'histoire et le message de votre marque restent cohérents sur tous les canaux et points de contact marketing.

- Restez authentique : partagez des histoires authentiques qui reflètent les valeurs et l'objectif de votre marque, en évitant les récits exagérés ou trompeurs.

- Adaptez-vous au médium : adaptez votre approche narrative aux caractéristiques et contraintes spécifiques de chaque canal marketing.

- Engagez votre public : encouragez l'interaction et les commentaires du public en posant des questions, en invitant du contenu généré par les utilisateurs ou en créant des opportunités de conversation.

En conclusion, l'intégration de la narration dans les communications marketing peut améliorer l'impact de vos efforts marketing en créant un contenu plus engageant, mémorable et émotionnellement résonnant. En intégrant la narration à travers différents canaux marketing et en adaptant votre approche à chaque média, vous pouvez transmettre efficacement la proposition de valeur unique de votre marque et vous connecter avec votre public cible à un niveau plus profond.

Partie 4: Mesurer l'impact de la narration sur le succès du marketing

Pour évaluer l'efficacité de vos efforts de storytelling et optimiser vos stratégies marketing, il est crucial de mesurer l'impact du storytelling sur le succès marketing. Dans cette partie, nous discuterons des indicateurs clés de performance (KPI) que vous pouvez suivre pour évaluer le succès de vos campagnes de storytelling et identifier les domaines à améliorer.

1. Notoriété de la marque: La narration peut aider à accroître la notoriété de la marque, en rendant votre marque plus reconnaissable et plus prioritaire pour les consommateurs. Les KPI à suivre pour la notoriété de la marque comprennent:

   - Portée : le nombre de personnes exposées à votre contenu de narration sur différents canaux, tels que les visiteurs du site Web, les impressions sur les réseaux sociaux ou les ouvertures d'e-mails.

   - Mentions de marque : le nombre de fois que votre marque est mentionnée dans les conversations en ligne, la couverture médiatique ou le contenu généré par les utilisateurs.

   - Rappel de marque: Le pourcentage de votre public cible qui peut se souvenir de votre marque lorsqu'on y est invité, souvent mesuré par des enquêtes ou des interviews.

2. Engagement du public : Un contenu engageant encourage l'interaction et favorise un lien entre votre marque et son public. Les indicateurs de performance clés permettant de mesurer l'engagement du public sont les suivants :

   - J'aime, partage et commentaires : suivez le nombre de mentions J'aime, de partages et de commentaires que votre contenu de narration reçoit sur les plateformes de médias sociaux.

   - Temps passé sur le contenu: Analysez le temps moyen que les utilisateurs passent à consommer votre contenu de narration, comme la lecture d'articles de blog ou le visionnage de vidéos.

- Téléchargements de contenu : surveillez le nombre de téléchargements d'éléments de contenu tels que des livres électroniques, des livres blancs ou des études de cas qui intègrent des éléments de narration.

3. Taux de conversion: Une narration efficace peut inciter les utilisateurs à prendre les mesures souhaitées, telles que faire un achat, s'inscrire à une newsletter ou contacter votre équipe de vente. Les KPI pour suivre les taux de conversion incluent:

- Taux de conversion: Le pourcentage d'utilisateurs qui effectuent une action souhaitée après avoir été exposés à votre contenu de narration.

- Coût par conversion: Le montant moyen dépensé en efforts de marketing pour atteindre une conversion, vous aidant à évaluer la rentabilité de vos campagnes de storytelling.

4. Fidélisation et fidélisation de la clientèle : La narration peut aider à fidéliser les clients et à améliorer les taux de rétention en créant un lien émotionnel avec votre marque. Les KPI permettant de mesurer la fidélité et la fidélisation des clients comprennent :

- Achats répétés: Suivez le nombre de clients qui effectuent plusieurs achats ou interagissent avec votre marque de manière constante au fil du temps.

- Net Promoter Score (NPS): Mesurez la volonté de vos clients de recommander votre marque aux autres, ce qui peut indiquer leur niveau de satisfaction et de fidélité.

- Valeur à vie client (CLV): Calculez le revenu projeté qu'un client générera tout au long de sa relation avec votre marque, en tenant compte de facteurs tels que la fréquence d'achat et la valeur moyenne des commandes.

Pour mesurer efficacement l'impact de la narration sur le succès du marketing, tenez compte des conseils suivants :

- Fixez des objectifs clairs : établissez des objectifs spécifiques, mesurables, réalisables, pertinents et limités dans le temps (SMART) pour vos campagnes de storytelling , et sélectionnez les KPI qui correspondent à ces objectifs.

- Utilisez des outils d'analyse : utilisez divers outils d'analyse pour suivre vos KPI, tels que Google Analytics pour les métriques de site Web, les plateformes d'analyse des médias sociaux pour les métriques d'engagement ou les systèmes de gestion de la relation client (CRM) pour les données de fidélisation et de fidélisation de la clientèle.

- Effectuez des évaluations régulières : évaluez périodiquement la performance de vos efforts de storytelling, en comparant les résultats à vos objectifs et aux repères de l'industrie afin d'identifier les domaines à améliorer et d'optimiser vos stratégies.

- Testez et itérez : effectuez des tests A / B ou d'autres méthodes d'expérimentation pour déterminer les approches de narration les plus efficaces et affinez continuellement vos tactiques marketing en fonction des informations basées sur les données.

En conclusion, mesurer l'impact du storytelling sur le succès marketing est crucial pour optimiser vos stratégies marketing et maximiser les résultats. En suivant les KPI pertinents, en fixant des objectifs clairs, en utilisant des outils d'analyse et en effectuant des évaluations régulières, vous pouvez évaluer efficacement l'efficacité de votre campagne marketing.

Chapitre 5 : Maîtrise du marketing digital

Partie 1: Optimisation des moteurs de recherche et marketing

Dans le paysage numérique d'aujourd'hui, une présence en ligne solide est essentielle pour toute marque qui cherche à prospérer. L'optimisation des moteurs de recherche (SEO) et le marketing par moteur de recherche (SEM) sont deux composants essentiels du marketing numérique qui peuvent aider votre marque à attirer, engager et convertir les utilisateurs en ligne. Dans cette partie, nous explorerons les principes fondamentaux du référencement et du SEM, ainsi que des stratégies efficaces pour améliorer la visibilité de votre marque dans les résultats des moteurs de recherche.

1. Optimisation pour les moteurs de recherche (SEO): Le référencement consiste à optimiser votre site Web et votre contenu pour vous classer plus haut dans les résultats des moteurs de recherche organiques, générant plus de trafic et de visibilité pour votre marque. Les aspects clés du référencement incluent:

- Recherche de mots-clés: Identifiez les mots-clés pertinents et volumineux que votre public cible recherche et intégrez-les dans le contenu, les métadonnées et les URL de votre site Web.

- Optimisation sur la page: Améliorez la structure, la conception et l'expérience utilisateur de votre site Web pour créer une expérience transparente et agréable pour les visiteurs. Concentrez-vous sur des éléments tels que la vitesse du site, la convivialité mobile et la facilité de navigation.

- Création de contenu: Développez un contenu de haute qualité, précieux et attrayant qui répond aux besoins et aux intérêts de votre public cible. Utilisez différents formats de contenu, tels que des articles de blog, des articles, des vidéos et des infographies, pour répondre aux différentes préférences des utilisateurs.

- Optimisation hors page: Construisez un profil de backlink solide en gagnant des backlinks pertinents et de haute qualité à partir de sites Web faisant autorité. Tirez parti de stratégies telles que les blogs invités, la sensibilisation des influenceurs et le partage sur les réseaux sociaux pour accroître la crédibilité et l'autorité de votre site aux yeux des moteurs de recherche.

2. Marketing par moteur de recherche (SEM): Le SEM englobe les efforts de publicité payante visant à accroître la visibilité de votre site Web dans les pages de résultats des moteurs de recherche (SERP). La forme la plus courante de SEM est la publicité au paiement par clic (PPC), où les annonceurs enchérissent sur des mots clés pour afficher leurs annonces dans les résultats de recherche. Les principaux aspects de SEM sont les suivants :

- Stratégie de mots clés : sélectionnez des mots clés pertinents et à fort taux de conversion pour vos campagnes publicitaires, en tenant compte de facteurs tels que le volume de recherche, la concurrence et le coût par clic (CPC).

- Création d'annonces : créez des textes publicitaires et des visuels convaincants qui résonnent avec votre public cible et l'encouragent à cliquer sur votre annonce. Utilisez des extensions d'annonces, telles que des liens annexes ou des légendes, pour fournir des informations supplémentaires et améliorer les taux de clics (CTR).

- Optimisation de la page de destination : concevez et optimisez des pages de destination qui s'alignent sur votre message publicitaire et offrent une expérience transparente aux utilisateurs. Concentrez-vous sur des appels à l'action (CTA) clairs, des visuels attrayants et des textes persuasifs qui stimulent les conversions.

- Gestion des campagnes : surveillez et optimisez régulièrement vos campagnes publicitaires, en ajustant les enchères, le ciblage et les créations publicitaires pour maximiser les performances et le retour sur investissement (ROI).

Pour tirer parti efficacement du référencement et du SEM dans votre stratégie de marketing numérique, tenez compte des conseils suivants:

- Intégrez les efforts de référencement et de SEM: Coordonnez vos stratégies de référencement et de SEM pour assurer la cohérence des messages et du ciblage dans les efforts de recherche organique et payante. Utilisez les informations d'un canal pour informer l'autre, par exemple en exploitant des mots-clés organiques hautement performants dans vos campagnes PPC.

- Surveillez et analysez les performances: Utilisez des outils d'analyse tels que Google Analytics et Google Ads pour suivre vos performances SEO et SEM, en surveillant des indicateurs clés tels que le trafic, le CTR, le taux de conversion et le retour sur investissement. Utilisez ces informations pour informer les optimisations et les améliorations basées sur les données.

- Restez à jour sur les tendances de l'industrie: Les algorithmes des moteurs de recherche et les meilleures pratiques évoluent constamment. Restez informé des derniers développements dans le paysage SEO et SEM pour vous assurer que vos stratégies restent efficaces et conformes aux directives des moteurs de recherche.

- Soyez patient et persévérant: Les efforts de référencement et de SEM nécessitent souvent du temps pour produire des résultats significatifs. Soyez patient et persévérant dans la mise en œuvre et le perfectionnement de vos stratégies, l'apprentissage continu et l'adaptation pour atteindre le succès à long terme.

En conclusion, la maîtrise du SEO et du SEM est cruciale pour toute marque cherchant à exceller.

Partie 2: Marketing et publicité des médias sociaux

À l'ère numérique, les médias sociaux sont devenus une plate-forme puissante permettant aux marques d'interagir avec leur public cible, de renforcer la notoriété de la marque et de stimuler les ventes. Le marketing et la publicité sur les médias sociaux impliquent l'exploitation de diverses plateformes sociales pour promouvoir votre marque, vos produits ou vos services. Dans cette partie, nous discuterons des éléments clés d'une stratégie de marketing et de publicité réussie sur les médias sociaux et fournirons des conseils pratiques pour maximiser la présence de votre marque sur les médias sociaux.

1. Sélection de la plate-forme: Choisissez les plateformes de médias sociaux qui correspondent au public cible, aux objectifs et aux ressources de votre marque. Tenez compte de facteurs tels que les données démographiques des utilisateurs, les fonctionnalités de la plate-forme et les formats de contenu lors de votre sélection. Les plateformes populaires incluent Facebook, Instagram, Twitter, LinkedIn, Pinterest et TikTok.

2. Stratégie de contenu: Développez une stratégie de contenu qui répond aux intérêts, aux besoins et aux préférences de votre public cible. Créez un mélange de types de contenu, tels que des images, des vidéos, du texte et des histoires, et concentrez-vous sur la création de valeur, le divertissement et l'engagement. Planifiez votre contenu à l'avance avec un calendrier de contenu de médias sociaux.

3. Voix et identité visuelle de la marque : Maintenez une voix et une identité visuelle cohérentes sur toutes les plateformes de médias sociaux. Cette cohérence contribuera à renforcer la personnalité de votre marque et à la rendre plus reconnaissable pour votre public. Adaptez vos messages et vos visuels aux caractéristiques uniques de chaque plateforme.

4. Engagement et renforcement de la communauté : Favorisez de véritables liens avec votre public en vous engageant activement avec lui par le biais de mentions J'aime, de commentaires, de partages et de messages directs. Répondez rapidement aux questions, aux commentaires et aux préoccupations, et encouragez le contenu généré par les utilisateurs et les conversations pour créer un sentiment de communauté autour de votre marque.

5. Publicité sur les réseaux sociaux : tirez parti des options de publicité payante sur les plateformes de médias sociaux pour étendre votre portée, cibler des segments d'audience spécifiques et générer des conversions. Créez des créations publicitaires et des messages convaincants qui résonnent avec votre public cible et optimisez vos campagnes en fonction des données de performance.

6. Marketing d'influence: Collaborez avec des influenceurs et des ambassadeurs de marque qui correspondent aux valeurs de votre marque et ont un lien fort avec votre public cible. Les partenariats avec les influenceurs peuvent aider à renforcer la crédibilité, la portée et l'engagement de votre marque.

7. Analyse et mesure du rendement : Surveillez régulièrement vos performances sur les réseaux sociaux à l'aide d'outils d'analyse spécifiques à la plateforme, tels que Facebook Insights ou Instagram Insights. Suivez les indicateurs de performance clés (KPI) tels que l'engagement, la portée et les conversions, et utilisez ces informations pour informer les optimisations et les améliorations basées sur les données.

Pour exécuter efficacement le marketing et la publicité sur les réseaux sociaux, tenez compte des meilleures pratiques suivantes :

- Fixez des objectifs SMART : Établissez des objectifs spécifiques, mesurables, réalisables, pertinents et limités dans le temps (SMART) pour vos efforts sur les réseaux sociaux, et alignez vos stratégies et tactiques sur ces objectifs.

- Allouer judicieusement les ressources: Déterminez les ressources nécessaires, telles que le temps, le budget et le personnel, pour gérer et exécuter efficacement votre stratégie de médias sociaux. Donnez la priorité aux plateformes et aux initiatives qui s'alignent sur vos objectifs et offrent le meilleur retour sur investissement (ROI).

- Test et itération: Effectuez des tests A / B et expérimentez différents types de contenu, heures de publication et tactiques publicitaires pour déterminer ce qui fonctionne le mieux pour votre marque. Affinez continuellement vos stratégies en fonction d'informations basées sur des données.

- Tenez-vous au courant des tendances et des mises à jour de la plate-forme: Tenez-vous au courant des dernières tendances des médias sociaux, des fonctionnalités de la plate-forme et des mises à jour des algorithmes pour vous assurer que vos stratégies restent efficaces et pertinentes.

En conclusion, la maîtrise du marketing et de la publicité sur les médias sociaux est essentielle pour toute marque qui cherche à exceller dans le paysage numérique. En sélectionnant les bonnes plateformes, en élaborant un plan de contenu stratégique, en favorisant l'engagement et en tirant parti de la publicité payante et des partenariats avec les influenceurs, vous pouvez maximiser la présence de votre marque sur les médias sociaux et obtenir des résultats tangibles.

Partie 3 : Marketing de contenu et stratégies entrantes

Le marketing de contenu et les stratégies entrantes sont des outils puissants pour attirer, engager et convertir des clients potentiels. En créant et en partageant un contenu précieux qui répond aux besoins et aux intérêts de votre public cible, vous pouvez établir votre marque en tant qu'expert de confiance dans votre secteur et générer des prospects de manière organique. Dans cette partie, nous explorerons les éléments clés d'un marketing de contenu et de stratégies entrantes réussis, ainsi que des conseils pratiques pour les exécuter efficacement.

1. Création de contenu: Développez un contenu de haute qualité, engageant et informatif qui résonne avec votre public cible. Expérimentez différents formats, tels que des articles de blog, des articles, des vidéos, des podcasts, des webinaires et des infographies, pour répondre aux différentes préférences et habitudes de consommation des utilisateurs.

2. Planification du contenu : Planifiez votre contenu à l'avance à l'aide d'un calendrier de contenu pour assurer la cohérence et l'alignement stratégique avec vos objectifs marketing. Faites régulièrement un remue-méninges sur les idées de contenu et hiérarchisez les sujets en fonction de leur pertinence, du volume de recherche et de l'intérêt du public.

3. Intégration SEO: Intégrez les meilleures pratiques SEO dans votre processus de création de contenu, telles que la recherche de mots clés, l'optimisation des titres et des méta-descriptions et la garantie d'un site Web adapté aux mobiles. Cela aidera votre contenu à se classer plus haut dans les résultats des moteurs de recherche, générant plus de trafic organique vers votre site Web.

4. Génération et développement de leads : utilisez le contenu pour générer et entretenir des leads en proposant des ressources

précieuses, telles que des livres électroniques, des livres blancs ou des études de cas, en échange d'informations de contact. Mettez en œuvre l'automatisation du marketing et le marketing par e-mail pour engager et nourrir les prospects grâce à un contenu et des offres ciblés et personnalisés.

5. Promotion et distribution : Amplifiez la portée et la visibilité de votre contenu en le promouvant sur différents canaux, tels que les médias sociaux, le marketing par e-mail et la publicité payante. Tirez parti des partenariats, des collaborations avec les influenceurs et des opportunités de publication d'invités pour élargir votre audience et renforcer votre crédibilité.

6. Analyse et mesure des performances : Surveillez régulièrement vos performances en matière de marketing de contenu à l'aide d'outils d'analyse tels que Google Analytics, des informations sur les médias sociaux et des mesures de marketing par e-mail. Suivez les indicateurs de performance clés (KPI), tels que le trafic, l'engagement et les conversions, et utilisez ces informations pour informer les optimisations et les améliorations basées sur les données.

Pour exécuter efficacement les stratégies de marketing de contenu et d'inbound, tenez compte des meilleures pratiques suivantes :

- Fixez des objectifs SMART : Établissez des objectifs spécifiques, mesurables, réalisables, pertinents et limités dans le temps (SMART) pour vos efforts de marketing de contenu, et alignez vos stratégies et tactiques sur ces objectifs.

- Développez une voix de marque claire: Maintenez une voix et un message de marque cohérents sur tout le contenu pour renforcer votre identité de marque et créer une expérience cohérente pour votre public.

- Concentrez-vous sur la valeur et la pertinence: Donnez la priorité au contenu qui offre une valeur et une pertinence réelles à votre public cible, en répondant à ses problèmes, à ses intérêts et à ses besoins.

- Encouragez l'engagement et le partage : créez du contenu qui encourage l'interaction, la conversation et le partage, contribuant ainsi à amplifier votre message et à favoriser un sentiment de communauté autour de votre marque.

- Amélioration et optimisation continues: Évaluez régulièrement vos performances de marketing de contenu, en identifiant les domaines à améliorer et en affinant vos stratégies en fonction des informations basées sur les données.

En conclusion, la maîtrise du marketing de contenu et des stratégies entrantes est essentielle pour toute marque cherchant à exceller dans le paysage numérique. En créant un contenu précieux, attrayant et ciblé, en le promouvant efficacement et en surveillant et en optimisant continuellement vos efforts, vous pouvez attirer, engager et convertir des clients potentiels, stimulant ainsi la croissance et le succès de votre marque.

Partie 4: Marketing par courriel et automatisation du marketing

Le marketing par courriel et l'automatisation du marketing sont des éléments essentiels d'une stratégie de marketing numérique réussie, permettant aux marques de maintenir une communication personnalisée avec leur public et de nourrir les prospects tout au long de l'entonnoir de vente. Dans cette partie, nous discuterons des éléments clés d'un marketing par courriel efficace et de stratégies d'automatisation du marketing, ainsi que de conseils pratiques pour les exécuter avec succès.

1. Création de listes de diffusion: Développez votre liste de diffusion par des moyens éthiques, tels que des formulaires d'inscription sur votre site Web, des téléchargements de contenu et des inscriptions à des événements. Assurez-vous que vos abonnés donnent leur consentement explicite pour recevoir des communications de votre marque.

2. Segmentation et personnalisation : Segmentez votre liste de diffusion en fonction de facteurs tels que les données démographiques, les intérêts et l'engagement pour fournir un contenu ciblé et personnalisé qui résonne avec chaque abonné. Utilisez du contenu dynamique et des balises de fusion pour personnaliser les éléments de messagerie, tels que les lignes d'objet, les messages d'accueil et les offres, en fonction des données des abonnés.

3. Conception et contenu des e-mails: Concevez des modèles d'e-mails visuellement attrayants et adaptés aux mobiles qui s'alignent sur l'identité de votre marque. Créez des lignes d'objet convaincantes, des textes concis et des appels à l'action (CTA) clairs pour encourager l'engagement et les conversions.

4. Délivrabilité et conformité des e-mails : Optimisez la délivrabilité de vos e-mails en maintenant une liste de diffusion

propre, en authentifiant votre domaine d'expéditeur et en suivant les meilleures pratiques en matière de conception et de contenu des e-mails. Conformez-vous aux réglementations en matière de marketing par e-mail, telles que la loi CAN-SPAM, le RGPD et la LCAP, afin de protéger la réputation de votre marque et d'éviter les pénalités.

5. Automatisation du marketing: Mettez en œuvre des outils et des processus d'automatisation du marketing pour rationaliser et optimiser vos efforts de marketing par courriel. Configurez des flux de travail automatisés, tels que des séquences de bienvenue, des campagnes de lead nurturing et des rappels d'abandon de panier, pour engager les abonnés avec un contenu opportun et pertinent en fonction de leurs comportements et actions.

6. Tests et optimisation: Testez et optimisez régulièrement vos campagnes par e-mail grâce à des tests A / B, en expérimentant avec des variables telles que les lignes d'objet, les heures d'envoi et le contenu. Surveillez les indicateurs de performance clés (KPI), tels que les taux d'ouverture, les taux de clics (CTR) et les conversions, et utilisez ces informations pour informer les améliorations basées sur les données.

Pour exécuter efficacement les stratégies de marketing par courriel et d'automatisation du marketing, tenez compte des meilleures pratiques suivantes :

- Fixez-vous des objectifs SMART : Établissez des objectifs spécifiques, mesurables, réalisables, pertinents et limités dans le temps (SMART) pour vos efforts de marketing par e-mail, et alignez vos stratégies et tactiques sur ces objectifs.
- Privilégiez la qualité à la quantité: Concentrez-vous sur l'envoi de contenu de haute qualité et précieux à vos abonnés, plutôt que de les submerger d'e-mails excessifs. Viser à maintenir un équilibre

sain entre le contenu promotionnel et éducatif.

- Encouragez l'engagement et l'interaction : Concevez vos e-mails pour encourager l'engagement et l'interaction, par exemple en posant des questions, en sollicitant des commentaires ou en utilisant des éléments interactifs tels que des sondages et des quiz.

- Surveillez et adaptez: Surveillez en permanence vos performances de marketing par e-mail et adaptez vos stratégies en fonction des commentaires des abonnés et des informations basées sur les données. Tenez-vous au courant des tendances et des meilleures pratiques de l'industrie pour vous assurer que vos efforts demeurent efficaces et pertinents.

En conclusion, la maîtrise du marketing par courriel et de l'automatisation du marketing est cruciale pour toute marque qui cherche à exceller dans le paysage numérique. En créant une liste de diffusion solide, en fournissant un contenu personnalisé et attrayant et en tirant parti des outils et des processus d'automatisation, vous pouvez nourrir les prospects, générer des conversions et favoriser les relations clients à long terme.

Chapitre 6 : Décisions marketing basées sur les données

Partie 1: Collecte et analyse des données marketing

Dans l'environnement commercial concurrentiel d'aujourd'hui, prendre des décisions marketing basées sur les données est crucial pour réussir. La collecte, l'analyse et l'interprétation des données marketing permettent aux marques d'optimiser leurs stratégies, d'allouer efficacement les ressources et d'obtenir de meilleurs résultats. Dans cette partie, nous aborderons les aspects clés de la collecte et de l'analyse des données marketing , ainsi que des conseils pratiques pour tirer parti des données afin de prendre des décisions marketing éclairées.

1. Méthodes de collecte de données: Utilisez diverses méthodes de collecte de données pour recueillir des données marketing, telles que l'analyse Web, les informations sur les médias sociaux, les mesures de marketing par courrier électronique et les enquêtes auprès des clients. Assurez-vous que les données recueillies sont exactes, pertinentes et opportunes pour appuyer votre processus décisionnel.

2. Intégration des données : consolidez les données provenant de plusieurs sources dans une plate-forme ou un tableau de bord unique et unifié pour faciliter l'analyse et l'interprétation. Cela peut vous aider à obtenir une vue globale de vos performances marketing et à identifier les tendances, les modèles et les opportunités.

3. Qualité et cohérence des données : Maintenez la qualité et la cohérence des données en normalisant les procédures de collecte et de traitement des données, en mettant en œuvre des contrôles de validation des données et en nettoyant et mettant à jour

régulièrement vos ensembles de données. Cela garantira que vos décisions marketing sont basées sur des informations fiables et précises.

4. Analyse descriptive : effectuez une analyse descriptive pour résumer et visualiser vos données marketing, en fournissant une vue d'ensemble de vos performances sur différents canaux et campagnes. Utilisez des outils tels que des tableaux, des tableaux et des graphiques pour présenter vos données dans un format facile à digérer.

5. Analyse diagnostique: Effectuez une analyse diagnostique pour identifier les causes profondes de votre performance marketing, telles que la corrélation de tactiques ou de stratégies spécifiques avec les changements dans les indicateurs de performance clés (KPI). Cela peut vous aider à identifier les domaines à améliorer et à optimiser vos efforts de marketing.

6. Analyse prédictive : Tirez parti des techniques d'analyse prédictive, telles que la modélisation de régression et les algorithmes d'apprentissage automatique, pour prévoir les résultats marketing futurs en fonction des données historiques. Cela peut vous aider à prendre des décisions proactives basées sur les données et à allouer les ressources plus efficacement.

Pour collecter et analyser efficacement les données marketing, tenez compte des meilleures pratiques suivantes :

- Définissez des objectifs SMART : établissez des objectifs spécifiques, mesurables, réalisables, pertinents et limités dans le temps (SMART) pour vos efforts de marketing, et utilisez les données pour suivre vos progrès et éclairer votre processus de prise de décision.

- Hiérarchiser les données pertinentes : Concentrez-vous sur la collecte et l'analyse de données pertinentes pour vos objectifs marketing et vos indicateurs de performance clés (KPI). Évitez d'être submergé par des données et des informations excessives qui peuvent ne pas avoir d'impact direct sur votre processus de prise de décision.

- Développer une culture axée sur les données : Encouragez une culture axée sur les données au sein de votre organisation en favorisant la littératie des données, en formant les membres de l'équipe aux techniques d'analyse des données et en favorisant un environnement collaboratif pour la prise de décision axée sur les données.

- Apprendre et s'adapter en permanence : Examinez et mettez à jour régulièrement vos processus de collecte et d'analyse de données, en intégrant de nouveaux outils, techniques et sources de données au besoin. Apprenez continuellement de vos données et adaptez vos stratégies marketing en fonction d'informations basées sur les données.

En conclusion, la collecte et l'analyse de données marketing sont essentielles pour prendre des décisions marketing éclairées et axées sur les données. En hiérarchisant les données pertinentes, en maintenant la qualité et la cohérence des données et en tirant parti de diverses techniques d'analyse des données, vous pouvez optimiser vos stratégies marketing, allouer efficacement les ressources et obtenir de meilleurs résultats pour votre marque.

Partie 2 : Tirer parti de l'analytique pour obtenir des informations sur les clients

Obtenir des informations sur les clients grâce à l'analyse est crucial pour créer des stratégies marketing efficaces qui résonnent avec votre public cible. En analysant les données client, vous pouvez découvrir des modèles, des préférences et des comportements qui éclairent vos décisions marketing et vous aident à mieux servir vos clients. Dans cette partie, nous explorerons comment tirer parti de l'analyse pour obtenir des informations précieuses sur les clients, ainsi que des conseils pratiques pour appliquer ces informations à vos efforts marketing.

1. Segmentation de la clientèle : utilisez l'analyse pour segmenter votre clientèle en fonction de facteurs tels que la démographie, la psychographie, les modèles comportementaux et l'historique des achats. En comprenant les caractéristiques distinctes de chaque segment, vous pouvez adapter vos messages et offres marketing pour mieux attirer chaque groupe.

2. Cartographie du parcours client : analysez les données client pour cartographier les différents points de contact et étapes du parcours client, de la sensibilisation à la considération, en passant par l'achat et l'après-achat. Identifier les zones où les clients peuvent rencontrer des frictions ou des abandons peut vous aider à optimiser l'expérience client et à améliorer les taux de conversion.

3. Analyse des sentiments : Tirez parti des outils et techniques d'analyse des sentiments pour évaluer les émotions et les opinions des clients à l'égard de votre marque, de vos produits ou de vos services. En comprenant comment les clients perçoivent votre marque, vous pouvez répondre aux préoccupations, capitaliser sur un sentiment positif et améliorer la réputation globale de la

marque.

4. Analyse de l'attrition : Analysez les données des clients pour identifier les modèles et les facteurs qui contribuent à l'attrition des clients, tels que l'insatisfaction des produits ou le mauvais service client. En abordant ces problèmes et en mettant en œuvre des stratégies pour améliorer la fidélisation de la clientèle, vous pouvez augmenter la valeur vie client et stimuler la croissance à long terme.

5. Analyse de la valeur à vie du client (CLV) : calculez la valeur à vie du client en analysant les données de transaction historiques et en estimant le bénéfice net attribué à un client sur l'ensemble de sa relation avec votre marque. Comprendre CLV peut vous aider à allouer les ressources marketing plus efficacement et à hiérarchiser les segments de clientèle à plus forte valeur potentielle.

Pour exploiter efficacement les analyses pour obtenir des informations sur les clients, tenez compte des meilleures pratiques suivantes :

- Investissez dans des outils d'analyse : utilisez des outils et des plateformes d'analyse robustes qui vous permettent de collecter, d'analyser et de visualiser les données client, ce qui facilite l'obtention d'informations exploitables et la prise de décisions basées sur les données.

- Encourager la collaboration interfonctionnelle : favoriser la collaboration entre le marketing, les ventes, le service client et d'autres départements pour partager les données et les informations sur les clients, permettant une compréhension plus holistique des besoins et des préférences des clients.

- Testez et optimisez : testez et optimisez en permanence vos stratégies marketing en fonction des connaissances des clients, en utilisant les tests A / B, les commentaires des clients et les données de performance pour affiner vos tactiques et améliorer les résultats.

- Donner la priorité à la confidentialité des données : assurez-vous que vos pratiques de collecte et d'analyse des données clients sont conformes aux réglementations pertinentes en matière de confidentialité des données, telles que le RGPD et le CCPA, afin de protéger les informations des clients et de maintenir la confiance dans votre marque.

En conclusion, tirer parti de l'analyse pour obtenir des informations sur les clients est essentiel pour créer des stratégies marketing efficaces qui trouvent un écho auprès de votre public cible. En analysant les données client, en segmentant votre audience, en cartographiant les parcours clients et en effectuant divers types d'analyse, vous pouvez obtenir des informations précieuses qui éclairent vos décisions marketing et vous aident à mieux servir vos clients.

Partie 3: Test A / B et optimisation

Les tests A / B et l'optimisation sont des composants essentiels du marketing axé sur les données, permettant aux spécialistes du marketing de prendre des décisions éclairées basées sur des données de performance réelles. En testant différentes variantes d'éléments marketing et en mesurant leur impact sur les indicateurs clés de performance (KPI), vous pouvez affiner vos stratégies et tactiques pour maximiser les résultats. Dans cette partie, nous discuterons de l'importance des tests A / B et de l'optimisation, ainsi que des conseils pratiques pour mettre en œuvre efficacement ces pratiques.

1. Comprendre les tests A / B : Les tests A / B, également connus sous le nom de tests fractionnés, consistent à comparer deux ou plusieurs variantes d'un élément marketing, telles qu'une page Web, un e-mail ou une publicité, afin de déterminer quelle version fonctionne le mieux. En mesurant les performances de chaque variation par rapport à un KPI spécifique, tel que le taux de clics ou le taux de conversion, vous pouvez identifier l'option la plus efficace et apporter des améliorations basées sur les données.

2. Choix des variables à tester : identifiez les variables de vos campagnes marketing qui peuvent être testées, telles que les titres, les appels à l'action (CTA), les images ou la mise en page. Concentrez-vous sur les éléments de test susceptibles d'avoir un impact significatif sur vos KPI et donnez la priorité aux tests à fort impact.

3. Conception et mise en œuvre de tests A / B: Créez plusieurs variantes de l'élément marketing que vous souhaitez tester, en veillant à ce qu'une seule variable soit modifiée à la fois pour isoler son impact. Utilisez un outil ou une plateforme de test A/B dédié pour attribuer de manière aléatoire chaque variante à une partie de votre audience et collecter des données de performance.

4. Analyse des résultats des tests : Analysez les données de performance collectées lors de votre test A / B pour déterminer quelle variation a le mieux fonctionné en fonction de votre KPI choisi. Utilisez l'analyse statistique, telle que le calcul du niveau de confiance et de la valeur de p, pour vous assurer que vos résultats sont statistiquement significatifs et non dus au hasard.

5. Application des informations sur les tests : en fonction des résultats de vos tests, mettez en œuvre la variante gagnante dans votre campagne marketing et continuez à surveiller les performances pour vous assurer que les améliorations sont durables. Utilisez les informations obtenues lors de vos tests A/ B pour éclairer vos futures décisions marketing et optimiser vos stratégies.

Pour tirer parti efficacement des tests A/B et de l'optimisation, tenez compte des meilleures pratiques suivantes :

- Établir une culture de test : Favorisez une culture de test et d'optimisation au sein de votre organisation, en encourageant les membres de l'équipe à rechercher continuellement des opportunités d'amélioration et à adopter une prise de décision basée sur les données.

- Planifier et hiérarchiser les tests: Développez un plan de test stratégique qui décrit vos objectifs de test, hiérarchise les tests à fort impact et alloue efficacement les ressources.

- Tester régulièrement et de manière itérative: Effectuez régulièrement des tests A / B et utilisez les connaissances acquises pour informer les efforts d'optimisation en cours. Abordez les tests comme un processus itératif, en affinant continuellement vos stratégies et tactiques marketing basées sur des informations basées sur des données.

- Soyez patient et persévérant : Reconnaissez que tous les tests

A/B ne donneront pas des résultats immédiats et spectaculaires. Soyez patient et persévérant dans vos efforts de test, en apprenant des tests réussis et infructueux pour éclairer les futures stratégies d'optimisation.

En conclusion, les tests A / B et l'optimisation sont essentiels pour le succès du marketing axé sur les données, vous permettant d'affiner vos stratégies et tactiques en fonction des données de performance réelles. En choisissant les variables à tester, en concevant et en mettant en œuvre des tests, en analysant les résultats et en appliquant des informations, vous pouvez continuellement améliorer vos efforts de marketing et obtenir de meilleurs résultats pour votre marque.

Partie 4 : Transformer les données en informations exploitables

La collecte et l'analyse des données ne sont que le début du processus de marketing axé sur les données; l'objectif ultime est de transformer ces données en informations exploitables qui éclairent vos stratégies marketing et génèrent des résultats. Dans cette partie, nous verrons comment transformer vos données marketing en informations précieuses et appliquer ces informations pour optimiser efficacement vos efforts marketing.

1. Synthèse des données : combinez et synthétisez des données provenant de sources multiples, telles que l'analyse Web, les informations sur les médias sociaux et les enquêtes auprès des clients, pour acquérir une compréhension complète de vos performances marketing. Cette vue holistique peut vous aider à identifier les tendances, les modèles et les domaines d'opportunité.

2. Identification des informations clés : passez en revue vos données marketing et identifiez les informations clés qui peuvent éclairer vos décisions marketing. Recherchez des modèles et des corrélations qui révèlent les préférences, les comportements et les points faibles des clients, ainsi que les domaines dans lesquels vos stratégies marketing sont sous-performantes ou excellentes.

3. Hiérarchiser les insights : Toutes les insights n'auront pas le même impact sur vos efforts marketing. Hiérarchisez les informations les plus importantes en fonction de leur potentiel à générer des résultats et à s'aligner sur vos objectifs marketing.

4. Élaborer des plans d'action : Traduisez vos idées en étapes concrètes qui peuvent être mises en œuvre pour optimiser vos stratégies marketing. Créer des plans d'action détaillés décrivant les tactiques, les ressources et les échéanciers spécifiques requis pour donner suite aux idées identifiées.

5. Mise en œuvre et suivi : Exécutez vos plans d'action et suivez de près l'impact de vos changements sur votre performance marketing. Utilisez les données pour évaluer si vos optimisations génèrent les résultats souhaités et continuez à affiner vos stratégies en fonction des informations en cours.

Pour transformer efficacement les données en informations exploitables, tenez compte des meilleures pratiques suivantes :

- Favoriser une culture axée sur les données : Encouragez un état d'esprit axé sur les données au sein de votre organisation, en promouvant la littératie des données, en formant les membres de l'équipe aux techniques d'analyse des données et en favorisant un environnement collaboratif pour la prise de décision axée sur les données.

- Utilisez des outils d'analyse avancés : tirez parti des outils et plateformes d'analyse avancés qui vous permettent de collecter, d'analyser et de visualiser les données, ce qui facilite l'obtention d'informations exploitables et la prise de décisions basées sur les données.

- Apprendre et s'adapter en permanence : Examinez et mettez à jour régulièrement vos processus de collecte et d'analyse de données, en intégrant de nouveaux outils, techniques et sources de données au besoin. Apprenez continuellement de vos données et adaptez vos stratégies marketing en fonction d'informations basées sur les données.

- Maintenir la qualité et l'intégrité des données : Assurez-vous que vos pratiques de collecte et d'analyse des données maintiennent la qualité et l'intégrité des données en standardisant les processus, en mettant en œuvre des contrôles de validation des données et en nettoyant et mettant à jour régulièrement vos ensembles de données.

En conclusion, transformer les données en informations exploitables est essentiel pour optimiser vos efforts marketing et obtenir de meilleurs résultats. En synthétisant les données, en identifiant les informations clés, en hiérarchisant leur importance, en élaborant des plans d'action et en mettant en œuvre des changements, vous pouvez transformer vos données marketing en informations précieuses qui éclairent vos décisions marketing et vous aident à atteindre vos objectifs.

Chapitre 7 : Campagnes de marketing créatif

Partie 1 : Éléments d'une campagne de marketing réussie

Une campagne marketing réussie capte l'attention de votre public cible, communique efficacement le message de votre marque et génère des résultats mesurables. Dans cette partie, nous discuterons des éléments essentiels d'une campagne marketing réussie, fournissant une base pour créer des campagnes créatives et percutantes qui résonnent avec votre public.

1. Des objectifs clairs : Établissez des objectifs bien définis pour votre campagne marketing, en vous assurant qu'ils correspondent à vos objectifs marketing et commerciaux globaux. Des objectifs clairs fournissent un cadre pour évaluer le rendement de la campagne et mesurer le succès.

2. Public cible: Identifiez et comprenez votre public cible, y compris ses données démographiques, psychographiques, préférences et points douloureux. Une compréhension approfondie de votre public vous permet de créer des messages marketing personnalisés et pertinents qui résonnent avec eux.

3. Proposition de vente unique (USP): Communiquez clairement la proposition de vente unique de votre marque, en soulignant les avantages distincts et la valeur que votre produit ou service offre à votre public cible. Votre USP doit différencier votre marque de ses concurrents et fournir une raison convaincante pour les clients de vous choisir.

4. Concepts créatifs convaincants: Développez des concepts créatifs qui captent l'attention de votre public et suscitent une réponse émotionnelle. Efforcez-vous de créer des supports

marketing mémorables et percutants qui communiquent efficacement le message de votre marque et laissent une impression durable.

5. Communications marketing intégrées : Assurez-vous que votre campagne marketing utilise un mélange de canaux et de tactiques de marketing, tels que les médias sociaux, les courriels, le marketing de contenu et les relations publiques, pour transmettre un message de marque cohérent et cohérent sur tous les points de contact.

6. Tests et optimisation: Testez et optimisez en permanence votre campagne marketing, en utilisant des informations basées sur les données pour affiner vos messages, vos éléments créatifs et vos tactiques marketing. Les tests A/B et l'analyse continue peuvent vous aider à identifier les domaines d'amélioration et à maximiser les résultats de la campagne.

7. Mesure et analyse : établissez des indicateurs de performance clés (KPI) qui s'alignent sur les objectifs de votre campagne, et mesurez et analysez régulièrement les performances de votre campagne pour évaluer le succès. Utilisez des informations basées sur les données pour prendre des décisions éclairées sur les futurs efforts de marketing et allouer efficacement les ressources.

Pour créer une campagne marketing réussie, tenez compte des meilleures pratiques suivantes :

- Collaborer et brainstormer : Favorisez un environnement collaboratif au sein de votre équipe marketing, en encourageant la communication ouverte et le partage d'idées pendant le processus créatif. Les séances de remue-méninges peuvent vous aider à générer des concepts nouveaux et innovants pour votre campagne marketing.

Soyez cohérent avec votre marque : assurez-vous que votre campagne marketing s'aligne sur l'identité globale de votre marque, en maintenant une apparence, une convivialité et un ton cohérents sur tous les supports et canaux marketing.

- Adoptez la narration : tirez parti de la puissance de la narration pour créer des liens émotionnels avec votre public et communiquer efficacement le message de votre marque. Un récit convaincant peut rendre votre campagne marketing plus mémorable et percutante.

- Surveillez les tendances et les concurrents: Restez à jour avec les tendances de l'industrie et les campagnes des concurrents, en utilisant ces connaissances pour informer votre stratégie marketing et vous assurer que votre campagne reste fraîche et pertinente.

En conclusion, une campagne de marketing réussie comprend des objectifs clairs, un public cible bien défini, une proposition de vente unique, des concepts créatifs convaincants, des communications marketing intégrées, des tests et des optimisations, ainsi que des mesures et des analyses. En vous concentrant sur ces éléments essentiels, vous pouvez créer des campagnes marketing créatives et percutantes qui résonnent avec votre public et génèrent des résultats pour votre marque.

Partie 2 : Élaboration d'un concept de campagne

Le développement d'un concept de campagne convaincant est crucial pour capter l'attention de votre public et communiquer efficacement le message de votre marque. Un concept fort jette les bases d'une campagne marketing réussie. Dans cette partie, nous discuterons du processus de développement d'un concept de campagne, en fournissant des conseils et des directives pratiques pour vous aider à créer une campagne marketing percutante.

1. Recherche et perspicacités: Commencez par mener des recherches approfondies pour mieux comprendre votre public cible, les tendances de l'industrie et les activités de vos concurrents. Analysez vos données marketing pour identifier les informations clés qui peuvent éclairer votre concept de campagne et vous assurer que votre message résonne avec votre public.

2. Définissez les objectifs de la campagne : Établissez des objectifs clairs pour votre campagne marketing, en vous assurant qu'ils correspondent à vos objectifs marketing et commerciaux globaux. Ces objectifs guideront votre processus de développement de campagne et vous aideront à évaluer le succès de votre campagne.

3. Idées de remue-méninges : Rassemblez votre équipe marketing et participez à des séances de remue-méninges pour générer un large éventail d'idées pour votre concept de campagne. Encouragez la communication ouverte, la pensée créative et la collaboration pour favoriser un environnement où les idées novatrices peuvent s'épanouir.

4. Évaluez et affinez les idées : passez en revue les idées générées lors des séances de remue-méninges et évaluez-les en fonction de leur potentiel à atteindre les objectifs de votre campagne, à trouver un écho auprès de votre public cible et à différencier votre marque de vos concurrents. Affinez et itérez les idées les plus

prometteuses, en les combinant et en les développant pour créer un concept de campagne unique et convaincant.

5. Créez un récit de campagne : Développez un récit qui relie votre concept de campagne, en incorporant des éléments de narration pour évoquer une réponse émotionnelle et créer une expérience mémorable pour votre public. Votre récit doit communiquer clairement le message de votre marque et votre proposition de vente unique.

6. Concevoir des ressources de campagne : créez des ressources de campagne visuellement attrayantes et percutantes, telles que des images, des vidéos et des graphiques, qui donnent vie à votre concept de campagne. Assurez-vous que ces ressources sont cohérentes avec votre identité de marque globale et communiquez efficacement le récit de votre campagne.

7. Élaborer un plan de marketing multicanal : Élaborer un plan de marketing qui intègre une combinaison de canaux et de tactiques de marketing, tels que les médias sociaux, le courrier électronique, le marketing de contenu et les relations publiques, afin de diffuser un message de marque cohérent et cohérent sur tous les points de contact. Cette approche intégrée vous aide à atteindre votre public via différents canaux et maximise l'impact de votre campagne.

8. Testez et optimisez : testez et optimisez en permanence vos ressources de campagne et vos tactiques marketing, en utilisant des informations basées sur les données pour affiner vos messages et vos éléments créatifs. Les tests A/B et l'analyse continue peuvent vous aider à identifier les domaines d'amélioration et à maximiser les résultats de la campagne.

En conclusion, le développement d'un concept de campagne implique de mener des recherches, de définir des objectifs, de réfléchir à des idées, d'évaluer et d'affiner des idées, de créer un récit, de concevoir des ressources de campagne, d'élaborer un plan marketing multicanal, de tester et d'optimiser votre campagne. En suivant ces étapes, vous pouvez créer un concept de campagne convaincant qui capte efficacement l'attention de votre public, communique le message de votre marque et génère des résultats mesurables.

Partie 3 : Exécution et gestion des campagnes

Une fois que vous avez développé un concept de campagne convaincant, l'étape suivante consiste à exécuter et à gérer efficacement la campagne. Une exécution et une gestion appropriées sont cruciales pour maximiser l'impact de vos efforts de marketing et atteindre les objectifs de votre campagne. Dans cette partie, nous discuterons des meilleures pratiques pour exécuter et gérer les campagnes marketing, en veillant à ce que votre campagne se déroule sans heurts et produise les résultats souhaités.

1. Élaborez un plan de campagne détaillé : Créez un plan de campagne complet qui décrit les tactiques de marketing, les canaux, les échéanciers et les ressources spécifiques requis pour chaque étape de la campagne. Ce plan servira de feuille de route pour votre équipe, en veillant à ce que tout le monde soit aligné sur les objectifs, les responsabilités et les attentes.

2. Attribuer les rôles et les responsabilités : Définissez clairement les rôles et les responsabilités de chaque membre de l'équipe impliqué dans la campagne, en veillant à ce que chacun comprenne ses tâches et ses délais. Cette clarté permet d'éviter les malentendus et garantit que chaque aspect de la campagne est exécuté efficacement.

3. Configurer le suivi et la mesure : établissez des indicateurs de performance clés (KPI) qui correspondent aux objectifs de votre campagne et configurez des systèmes de suivi pour mesurer les performances de votre campagne. Cette approche axée sur les données vous permet d'évaluer le succès de votre campagne, d'identifier les domaines à améliorer et de prendre des décisions éclairées sur les futurs efforts marketing.

4. Exécutez la campagne : Une fois votre plan en place, exécutez

chaque aspect de votre campagne selon le calendrier et les ressources décrits dans votre plan de campagne. Assurez-vous que les membres de votre équipe sont conscients de leurs délais et de leurs responsabilités, et surveillez leurs progrès pour vous assurer que les tâches sont terminées à temps et dans les limites du budget.

5. Surveillez et ajustez : surveillez régulièrement les performances de votre campagne, en utilisant des informations basées sur les données pour identifier les domaines où des ajustements peuvent être nécessaires. Soyez prêt à apporter des ajustements en temps réel à vos tactiques marketing, à vos ressources créatives et à vos messages, selon vos besoins, en fonction de votre analyse continue des performances de votre campagne.

6. Communiquez et collaborez : favorisez une communication et une collaboration ouvertes entre les membres de votre équipe, en les encourageant à partager leurs idées, leurs défis et leurs réussites tout au long de la campagne. Cette approche collaborative aide à identifier les problèmes potentiels dès le début et permet à votre équipe de travailler ensemble pour les résoudre efficacement.

7. Examinez et évaluez : Une fois votre campagne terminée, effectuez une évaluation approfondie de ses performances, en utilisant vos KPI et vos informations basées sur les données pour évaluer son succès. Identifiez les domaines où votre campagne a excellé et les domaines où des améliorations pourraient être apportées, en utilisant ces apprentissages pour éclairer les futurs efforts de marketing.

8. Partagez les résultats et les leçons apprises : Partagez les résultats de l'évaluation de votre campagne avec votre équipe et les autres parties prenantes, en soulignant les réussites, les défis et les principaux apprentissages. Cette transparence contribue

à favoriser une culture d'amélioration continue et garantit que votre équipe est bien préparée pour les futures campagnes de marketing.

En conclusion, l'exécution et la gestion efficaces des campagnes de marketing impliquent l'élaboration d'un plan de campagne détaillé, l'attribution des rôles et des responsabilités, la mise en place d'un suivi et d'une mesure, l'exécution de la campagne, le suivi et l'ajustement, la communication et la collaboration, l'examen et l'évaluation, et le partage des résultats et des leçons apprises. En suivant ces meilleures pratiques, vous pouvez vous assurer que votre campagne marketing se déroule sans heurts et fournit les résultats souhaités pour votre marque.

Partie 4 : Mesure de l'efficacité et du retour sur investissement des campagnes

Mesurer l'efficacité et le retour sur investissement (ROI) de votre campagne marketing est crucial pour évaluer son succès et éclairer les décisions marketing futures. Une approche axée sur les données vous aide à comprendre quels aspects de votre campagne ont bien fonctionné et quels domaines pourraient être améliorés. Dans cette partie, nous discuterons des meilleures pratiques pour mesurer l'efficacité et le retour sur investissement des campagnes, en veillant à ce que vous disposiez des informations nécessaires pour optimiser vos efforts marketing.

1. Définissez des indicateurs de performance clés (KPI) : établissez des KPI qui correspondent aux objectifs de votre campagne et qui sont pertinents pour vos tactiques et canaux marketing. Ces KPI fourniront un cadre pour mesurer la performance de la campagne et évaluer le succès.

2. Configurer le suivi et l'analyse : Mettez en œuvre des outils de suivi et d'analyse pour capturer les données relatives à vos KPI. Assurez-vous que ces outils sont correctement configurés pour fournir des informations précises sur les performances de votre campagne.

3. Surveillez les performances en temps réel : examinez régulièrement les données de votre campagne et surveillez les performances en temps réel. Cette analyse continue vous permet d'identifier les tendances, de repérer les problèmes potentiels et de prendre des décisions basées sur les données pour optimiser votre campagne.

4. Calculez le retour sur investissement : calculez le retour sur investissement de votre campagne marketing en comparant le coût de vos efforts marketing aux revenus générés par

conséquent. Ce calcul vous aide à comprendre l'impact financier de votre campagne et à prendre des décisions éclairées concernant vos futurs investissements marketing.

5. Effectuez des tests A / B : Utilisez les tests A / B pour comparer les performances de différents actifs créatifs, messages et tactiques marketing. Cette approche axée sur les données vous aide à identifier les éléments les plus efficaces de votre campagne et à optimiser vos efforts marketing en conséquence.

6. Analysez les performances par canal et tactique : Décomposez les performances de votre campagne par canal marketing et tactique pour comprendre quels aspects de votre campagne ont été les plus efficaces. Cette analyse granulaire peut vous aider à allouer les ressources plus efficacement dans les campagnes futures et à améliorer les performances marketing globales.

7. Évaluez les mesures qualitatives : En plus des KPI quantitatifs, tenez compte des mesures qualitatives telles que la notoriété de la marque, le sentiment des clients et l'expérience client globale. Ces mesures peuvent fournir des informations précieuses sur l'impact de votre campagne sur votre public cible et vous aider à affiner votre approche marketing.

8. Examinez et apprenez : effectuez un examen complet des performances de votre campagne, en évaluant les mesures quantitatives et qualitatives. Identifiez les domaines où votre campagne a excellé et les domaines où des améliorations pourraient être apportées, en utilisant ces apprentissages pour éclairer les futurs efforts de marketing.

9. Partagez les résultats et les idées : communiquez les résultats de l'évaluation de votre campagne à votre équipe et aux autres parties prenantes, en soulignant les réussites, les défis et les principaux apprentissages. Cette transparence contribue à favoriser une

culture d'amélioration continue et garantit que votre équipe est bien préparée pour les futures campagnes de marketing.

En conclusion, mesurer l'efficacité et le retour sur investissement des campagnes implique la définition de KPI, la mise en place d'un suivi et d'une analyse, le suivi des performances en temps réel, le calcul du retour sur investissement, la réalisation de tests A / B, l'analyse des performances par canal et tactique, l'évaluation des mesures qualitatives, l'examen et l'apprentissage, et le partage des résultats et des idées. En suivant ces meilleures pratiques, vous pouvez obtenir des informations précieuses sur les performances de votre campagne marketing, optimiser vos efforts marketing et maximiser l'impact de vos investissements marketing.

Chapitre 8 : Établir des relations à long terme avec les clients

Partie 1 : L'importance de la fidélisation de la clientèle

L'établissement de relations à long terme avec les clients est essentiel à la croissance durable et au succès de toute entreprise. La fidélisation de la clientèle est un aspect essentiel de ces relations, car la fidélisation des clients existants est souvent plus rentable et rentable que l'acquisition de nouveaux clients. Dans cette partie, nous discuterons de l'importance de la fidélisation de la clientèle et de son impact sur la croissance et les résultats de votre entreprise.

1. Rentabilité: L'acquisition de nouveaux clients peut être coûteuse, car elle implique souvent des efforts de marketing et de publicité importants. La fidélisation des clients existants est généralement plus rentable, car elle nécessite moins d'investissement dans le marketing et peut être réalisée grâce à un excellent service à la clientèle et à une livraison de valeur cohérente.

2. Augmentation de la valeur à vie du client : Lorsque vous fidélisez les clients, leur valeur à vie (CLV) augmente, car ils continuent à faire des achats et à interagir avec votre marque au fil du temps. Cette valeur accrue se traduit par une augmentation des revenus et de la rentabilité de votre entreprise.

3. Rentabilité plus élevée: Des études ont montré qu'une légère augmentation des taux de fidélisation de la clientèle peut entraîner une augmentation significative des bénéfices. Les clients fidèles font souvent des achats plus importants et plus fréquents, ce qui entraîne une augmentation des revenus globaux.

4. Plaidoyer auprès des clients : Les clients satisfaits et fidèles sont plus susceptibles de recommander votre marque à leurs amis et à leur famille, agissant en tant que défenseurs de la marque. Ce marketing de bouche-à-oreille peut aider à stimuler l'acquisition de nouveaux clients et à améliorer la réputation de votre marque.

5. Taux de désabonnement réduit : En vous concentrant sur la fidélisation de la clientèle, vous pouvez réduire le taux auquel les clients mettent fin à leur relation avec votre marque, ou « désabonnement ». Un taux de désabonnement plus faible est essentiel pour maintenir une clientèle stable et assurer une croissance durable.

6. Commentaires précieux : Les clients fidèles sont plus susceptibles de fournir des commentaires sur vos produits et services, ce qui vous aide à identifier les domaines d'amélioration et les opportunités d'innovation. Ces commentaires peuvent être inestimables pour affiner vos offres de produits et votre expérience client.

7. Avantage concurrentiel : Mettre fortement l'accent sur la fidélisation de la clientèle peut aider à différencier votre marque de ses concurrents, car les clients sont plus susceptibles de rester fidèles à une marque qui répond ou dépasse constamment leurs attentes.

8. Communauté de marque plus forte: L'établissement de relations à long terme avec vos clients peut favoriser un sentiment de communauté autour de votre marque, ce qui conduit à un engagement et une fidélité accrus des clients.

En conclusion, la fidélisation de la clientèle est cruciale pour la croissance durable et le succès de toute entreprise. Il offre de nombreux avantages, notamment la rentabilité, l'augmentation de la valeur vie client, une rentabilité plus élevée, la défense des clients, un taux de désabonnement réduit, des commentaires précieux, un avantage concurrentiel et une communauté de marque plus forte. En vous concentrant sur la fidélisation des clients existants, vous pouvez maximiser la valeur de vos relations avec les clients et favoriser le succès à long terme de votre entreprise.

Partie 2 : Stratégies de gestion de la relation client (CRM)

La gestion de la relation client (CRM) est une approche stratégique de la gestion et de l'amélioration des interactions avec les clients tout au long de leur cycle de vie. Les stratégies CRM aident les entreprises à établir des relations à long terme avec les clients en comprenant leurs besoins, leurs préférences et leurs comportements, ce qui permet des expériences plus personnalisées et pertinentes. Dans cette partie, nous discuterons de diverses stratégies CRM qui peuvent vous aider à renforcer vos relations clients et à stimuler la fidélisation de la clientèle.

1. Mettre en œuvre un logiciel CRM : Le logiciel CRM peut vous aider à centraliser et à gérer les données client, ce qui vous permet de mieux comprendre les préférences, les habitudes et les interactions de vos clients avec votre marque. Cette approche axée sur les données vous permet de prendre des décisions plus éclairées concernant vos efforts de marketing, de vente et de service client.

2. Personnalisez les expériences client : Utilisez les données recueillies via votre logiciel CRM pour créer des expériences personnalisées pour vos clients, que ce soit par le biais de campagnes marketing ciblées, de recommandations de produits personnalisées ou de communications personnalisées. La personnalisation peut aider à améliorer la satisfaction des clients et à les fidéliser.

3. Segmentez votre clientèle : divisez vos clients en groupes distincts en fonction de leurs caractéristiques, de leurs comportements ou de leurs préférences. Cette segmentation vous permet de développer des stratégies marketing ciblées et de fournir un contenu plus pertinent à chaque segment de clientèle.

4. Engagez les clients sur tous les canaux : interagissez avec vos

clients sur plusieurs canaux, y compris les e-mails, les réseaux sociaux, le téléphone et en personne. Cette approche omnicanal garantit aux clients une expérience cohérente avec votre marque, quel que soit le canal qu'ils utilisent pour interagir avec vous.

5. Offrez un service à la clientèle exceptionnel : Offrez un service à la clientèle exceptionnel pour répondre aux préoccupations des clients, répondre aux questions et résoudre les problèmes rapidement. Une excellente expérience de service à la clientèle peut avoir un impact significatif sur la satisfaction et la fidélité des clients.

6. Élaborer un programme de fidélisation : Mettre en œuvre un programme de fidélisation qui récompense les clients pour leur clientèle continue, en encourageant les achats répétés et l'engagement à long terme. Offrez des rabais, des avantages ou des récompenses exclusifs aux clients fidèles pour montrer votre appréciation de leur entreprise.

7. Sollicitez les commentaires des clients : demandez régulièrement à vos clients de donner leur avis sur vos produits, vos services et votre expérience client globale. Utilisez ces commentaires pour identifier les domaines à améliorer et mettre en œuvre des changements qui améliorent la satisfaction des clients.

8. Surveillez et analysez les données des clients : Analysez en permanence vos données CRM pour identifier les tendances, les modèles et les opportunités d'amélioration. Utilisez ces informations pour affiner vos stratégies de marketing, de vente et de service client, en vous assurant que vous répondez ou dépassez continuellement les attentes des clients.

9. Entretenez des relations à long terme : Concentrez-vous sur l'établissement de relations à long terme avec vos clients en

fournissant constamment de la valeur, un excellent service et des expériences pertinentes. Cette approche à long terme peut vous aider à maintenir une clientèle stable et à générer une croissance durable.

En conclusion, les stratégies CRM efficaces impliquent la mise en œuvre d'un logiciel CRM, la personnalisation des expériences client, la segmentation de votre clientèle, l'engagement des clients sur tous les canaux, l'offre d'un service client exceptionnel, le développement d'un programme de fidélisation, la sollicitation des commentaires des clients, le suivi et l'analyse des données client et l'entretien de relations à long terme. En intégrant ces stratégies dans votre entreprise, vous pouvez renforcer vos relations avec vos clients, stimuler la fidélisation de la clientèle et favoriser le succès à long terme.

Partie 3: Personnalisation et personnalisation dans le marketing

La personnalisation joue un rôle de plus en plus important dans les stratégies marketing modernes, car elles permettent aux entreprises d'offrir des expériences plus pertinentes et attrayantes à leurs clients. En adaptant le contenu, les offres et les interactions aux préférences et aux comportements individuels des clients, les entreprises peuvent créer des liens plus significatifs et favoriser la fidélité à long terme. Dans cette partie, nous discuterons de l'importance de la personnalisation et de la personnalisation dans le marketing et de la façon de mettre en œuvre efficacement ces stratégies.

1. Comprendre vos clients : Pour personnaliser vos efforts de marketing, vous devez d'abord comprendre les besoins, les préférences et les comportements de vos clients. Collectez et analysez des données provenant de diverses sources, notamment les systèmes CRM, les médias sociaux, l'analyse Web et les enquêtes auprès des clients, afin de mieux comprendre vos clients.

2. Segmentez votre public : divisez votre clientèle en segments en fonction de leurs caractéristiques, préférences et comportements. Cette segmentation vous permet d'adapter vos efforts marketing pour mieux résonner avec chaque groupe.

3. Créez un contenu personnalisé : Développez un contenu qui répond aux besoins et aux intérêts uniques de chaque segment de clientèle. Le contenu personnalisé peut inclure des articles de blog ciblés, des vidéos, des publications sur les réseaux sociaux ou des campagnes par e-mail qui répondent aux préférences spécifiques des clients ou répondent à des problèmes particuliers .

4. Mettre en œuvre des recommandations de produits personnalisées : Utilisez les données et les informations des clients pour proposer des recommandations de produits

ou de services personnalisées à des clients individuels. Ces recommandations peuvent être basées sur des facteurs tels que l'historique de navigation, les achats antérieurs ou les préférences indiquées par des sondages ou des commentaires.

5. Tirez parti de l'automatisation du marketing : Les outils d'automatisation du marketing peuvent vous aider à fournir un contenu et des offres personnalisés aux clients en fonction de leurs interactions avec votre marque. Utilisez ces outils pour automatiser des processus tels que les campagnes par e-mail, la publication sur les réseaux sociaux et le ciblage publicitaire, garantissant ainsi que vos clients reçoivent un contenu opportun et pertinent.

6. Utilisez le contenu dynamique : incorporez du contenu dynamique dans vos supports marketing, qui s'adapte automatiquement en fonction des caractéristiques ou du comportement du spectateur. Cela peut inclure des éléments tels que des messages d'accueil personnalisés par e-mail, du contenu de site Web dynamique ou des créations publicitaires personnalisées.

7. Offrez des services personnalisés : Offrez des services personnalisés à vos clients, tels que des consultations personnalisées, des offres groupées de produits personnalisées ou un soutien individualisé, pour répondre à leurs besoins uniques et créer une expérience client plus mémorable.

8. Mesurez et optimisez : surveillez en permanence les performances de vos efforts de personnalisation et de personnalisation, à l'aide de mesures telles que l'engagement, la conversion et la satisfaction client. Utilisez ces informations pour optimiser vos stratégies, en vous assurant que vous offrez constamment des expériences pertinentes et attrayantes à vos clients.

9. Équilibrez la personnalisation avec la confidentialité: Bien que la personnalisation puisse améliorer l'expérience client, il est essentiel de trouver un équilibre avec le respect de la vie privée des clients. Soyez transparent sur vos pratiques de collecte de données, permettez aux clients de contrôler leurs préférences en matière de données et assurez-vous de respecter les réglementations pertinentes en matière de confidentialité des données.

En conclusion, la personnalisation et la personnalisation dans le marketing impliquent de comprendre vos clients, de segmenter votre public, de créer du contenu personnalisé, de mettre en œuvre des recommandations de produits personnalisées, de tirer parti de l'automatisation du marketing, d'utiliser du contenu dynamique, d'offrir des services personnalisés, de mesurer et d'optimiser et d'équilibrer la personnalisation avec la confidentialité. En intégrant ces stratégies dans vos efforts de marketing, vous pouvez créer des liens plus significatifs avec vos clients, favoriser la fidélité à long terme et stimuler la croissance de votre entreprise.

Partie 4 : Programmes de fidélisation et récompenses

Les programmes de fidélisation et les récompenses sont des outils puissants pour établir des relations à long terme avec les clients et encourager les clients à fidéliser. Ces programmes offrent des incitatifs aux clients pour leur clientèle continue, favorisant un sentiment de loyauté et de connexion à votre marque. Dans cette partie, nous discuterons des avantages des programmes de fidélisation et des récompenses et explorerons des stratégies pour concevoir et mettre en œuvre des programmes efficaces.

1. Avantages des programmes de fidélisation et des récompenses :

- Augmenter les taux de fidélisation de la clientèle

- Augmenter la valeur vie client (CLV)

- Encourager les achats répétés

- Renforcer la fidélité à la marque

- Attirer de nouveaux clients grâce à des références

- Améliorer l'engagement client

- Différenciez votre marque de vos concurrents

- Collecter des données et des informations précieuses sur les clients

2. Types de programmes de fidélisation :

- Programmes basés sur des points : les clients gagnent des points pour des achats ou d'autres actions, qui peuvent être échangés contre des récompenses ou des réductions.

- Programmes à plusieurs niveaux : les clients bénéficient d'avantages croissants à mesure qu'ils atteignent des niveaux plus élevés en fonction de leurs niveaux de dépenses ou d'engagement.

- Programmes de cashback: Les clients reçoivent un pourcentage de leurs dépenses sous forme d'argent comptant ou de crédit en magasin.

- Programmes d'adhésion: Les clients paient des frais pour accéder à des avantages et avantages exclusifs.

3. Concevoir un programme de fidélisation efficace :

- Alignez-vous sur les valeurs de votre marque : Assurez-vous que votre programme reflète l'identité et les valeurs uniques de votre marque.

- Restez simple : Concevez un programme facile à comprendre et à participer pour les clients.

- Offrez des récompenses significatives : offrez des récompenses précieuses et pertinentes pour vos clients, telles que des réductions, des produits exclusifs ou des expériences spéciales.

- Encouragez l'engagement : encouragez les actions au-delà des achats, telles que le partage sur les réseaux sociaux, les références ou les critiques de produits, pour favoriser des liens plus étroits avec les clients.

- Communiquez régulièrement : tenez les clients informés de l'état de leurs récompenses, des mises à jour de leur programme et des offres spéciales grâce à des communications ciblées.

4. Mise en œuvre et gestion de votre programme de fidélité :

- Choisissez la bonne technologie : sélectionnez une plate-forme ou un logiciel de programme de fidélisation qui prend en charge la structure de votre programme, s'intègre à vos systèmes existants et fournit des fonctionnalités d'analyse et de reporting.

- Formez votre personnel : Assurez-vous que les employés comprennent le programme, ses avantages et la façon de communiquer efficacement sa valeur aux clients.

- Faites la promotion de votre programme : Commercialisez votre programme de fidélisation par le biais de divers canaux, tels que l'affichage en magasin, le courriel, les médias sociaux et votre site Web, pour attirer de nouveaux membres et rappeler aux membres existants ses avantages.

- Analyser et optimiser : Surveillez en permanence les performances de votre programme à l'aide de mesures clés, telles que le taux de rétention, la valeur moyenne des transactions et la participation au programme. Utilisez ces informations pour optimiser votre programme et maximiser son impact sur la fidélité et la satisfaction des clients.

En conclusion, les programmes de fidélisation et les récompenses peuvent considérablement améliorer votre capacité à établir des relations à long terme avec vos clients et à fidéliser vos clients. En concevant un programme qui s'aligne sur les valeurs de votre marque, offre des récompenses significatives, encourage l'engagement et est mis en œuvre et géré efficacement, vous pouvez favoriser une clientèle fidèle et générer une croissance durable pour votre entreprise.

Chapitre 9 : Pratiques de marketing éthiques

Partie 1 : Le rôle de l'éthique dans le marketing

L'éthique joue un rôle crucial dans le marketing, car elle guide les principes et les valeurs qui façonnent les pratiques marketing d'une entreprise. Le marketing éthique profite non seulement aux clients en veillant à ce qu'ils soient traités équitablement et avec respect, mais il renforce également la réputation d'une entreprise et favorise la confiance parmi son public cible. Dans cette partie, nous discuterons du rôle de l'éthique dans le marketing et de l'importance d'adhérer aux principes éthiques dans vos stratégies de marketing.

1. Comprendre le marketing éthique: Le marketing éthique implique de prendre des décisions de marketing et de mettre en œuvre des pratiques qui respectent les clients, les concurrents et la communauté au sens large. Il englobe divers aspects, tels que la publicité véridique, la transparence des prix, la protection de la vie privée des consommateurs et la promotion de comportements socialement responsables.

2. L'importance de l'éthique dans le marketing :

   - Renforcer la confiance des clients : Les pratiques de marketing éthique démontrent aux clients que votre entreprise valorise leur bien-être et s'engage à agir dans leur meilleur intérêt.

   - Améliorer la réputation de la marque: Une entreprise réputée pour son marketing éthique est plus susceptible d'attirer des clients qui valorisent la transparence, l'honnêteté et la responsabilité sociale.

   - Fidéliser la clientèle : Les clients sont plus susceptibles de rester fidèles aux entreprises qui les traitent équitablement et priorisent leurs besoins.

- Encourager le bouche-à-oreille positif : Les pratiques de marketing éthique peuvent conduire à des expériences client positives, ce qui peut générer des références et des recommandations.

- Se conformer à la réglementation: Le respect des directives éthiques peut aider les entreprises à éviter les problèmes juridiques et les sanctions liées à la publicité mensongère, aux prix déloyaux ou aux pratiques contraires à l'éthique.

3. Principes du marketing éthique :

- Honnêteté et transparence : Soyez véridique et précis dans vos messages marketing, et évitez les pratiques trompeuses ou mensongères.

- Respect de la vie privée : Protégez les données des clients et respectez leurs préférences en matière de confidentialité, en veillant à ce que vous vous conformiez aux réglementations pertinentes en matière de confidentialité des données.

- Justesse et équité : Traiter les clients équitablement, quelles que soient leurs caractéristiques démographiques ou leur statut socioéconomique, et éviter les pratiques discriminatoires.

- Responsabilité sociale: Tenez compte des impacts sociaux et environnementaux plus larges de vos activités de marketing et efforcez-vous de promouvoir un changement positif grâce à vos efforts de marketing.

4. Mise en œuvre de pratiques de marketing éthiques :

- Élaborer un code d'éthique : Établissez un code d'éthique qui décrit l'engagement de votre entreprise envers les pratiques de marketing éthiques et fournit des lignes directrices à suivre pour les employés.

- Former les employés : Fournir de la formation et des ressources pour aider les employés à comprendre l'importance du marketing éthique et comment appliquer les principes éthiques dans leur travail quotidien.

- Encourager une communication ouverte : Créer un environnement dans lequel les employés se sentent à l'aise de soulever des préoccupations éthiques ou de discuter de dilemmes éthiques potentiels.

- Surveiller et faire respecter la conformité : Examinez régulièrement vos pratiques de marketing pour vous assurer qu'elles respectent les directives éthiques de votre entreprise et qu'elles traitent toute violation rapidement et efficacement.

En conclusion, le rôle de l'éthique dans le marketing est essentiel pour créer la confiance, améliorer la réputation de la marque, fidéliser la clientèle, encourager le bouche-à-oreille positif et assurer la conformité réglementaire. En adhérant à des principes éthiques, tels que l'honnêteté, la transparence, le respect de la vie privée, l'équité et la responsabilité sociale, et en mettant en œuvre des pratiques de marketing éthiques, votre entreprise peut établir des relations solides et durables avec les clients et stimuler une croissance commerciale durable.

Partie 2 : Naviguer dans la conformité légale et réglementaire

La conformité légale et réglementaire est un aspect essentiel du marketing éthique, car elle garantit que les entreprises respectent les lois et règlements régissant la publicité, la protection des consommateurs, la confidentialité et d'autres domaines liés au marketing. Dans cette partie, nous discuterons de l'importance de la conformité légale et réglementaire dans le marketing et fournirons des conseils sur la façon de naviguer efficacement dans ces exigences.

1. L'importance de la conformité légale et réglementaire :

   - Protéger les consommateurs : Le respect des lois et règlements sur le marketing permet de s'assurer que les consommateurs sont traités équitablement et reçoivent des informations exactes sur les produits et services.

   - Préserver la réputation de votre entreprise : Le respect des exigences légales et réglementaires aide à maintenir la crédibilité de votre entreprise et démontre un engagement envers des pratiques commerciales éthiques.

   - Évitez les amendes et les pénalités : La non-conformité peut entraîner des pénalités financières importantes, des poursuites judiciaires et une atteinte à la réputation.

- Favoriser une culture de conformité : Assurer la conformité légale et réglementaire dans vos activités de marketing contribue à une culture à l'échelle de l'entreprise qui valorise le comportement éthique et la responsabilité.

2. Domaines clés de la conformité légale et réglementaire dans le marketing:

   - Publicité et promotions: Assurez-vous que votre matériel publicitaire et promotionnel est véridique, précis et n'induit pas les consommateurs en erreur ou ne trompe pas. Se conformer aux réglementations spécifiques relatives aux allégations publicitaires, aux endossements, aux témoignages et aux offres spéciales.

- Protection des consommateurs : Adhérer aux lois de protection des consommateurs qui régissent les prix, la sécurité des produits, les garanties et les remboursements, en veillant à ce que les clients soient traités équitablement et que leurs droits soient respectés.

- Confidentialité et protection des données : Se conformer aux lois sur la protection des données et de la vie privée, telles que le Règlement général sur la protection des données (RGPD) ou le California Consumer Privacy Act (CCPA), afin de protéger les données des clients et de respecter leurs préférences en matière de confidentialité.

- Propriété intellectuelle : Respectez les droits de propriété intellectuelle d'autrui, y compris les droits d'auteur, les marques de commerce et les brevets, et assurez-vous que vos documents marketing n'enfreignent pas ces droits.

3. Stratégies pour naviguer dans la conformité légale et réglementaire :

- Élaborer un programme de conformité : Établissez un programme de conformité complet qui décrit l'engagement de votre entreprise à respecter les exigences légales et réglementaires et fournit des lignes directrices à suivre par les employés.

- Attribuer la responsabilité : Désignez un responsable de la conformité ou une équipe pour superviser les efforts de conformité marketing de votre entreprise et vous assurer que les employés comprennent leurs responsabilités en matière de maintien de la conformité.

- Former les employés : Fournir de la formation et des ressources pour aider les employés à comprendre les exigences légales et réglementaires pertinentes à leurs rôles de marketing et comment appliquer ces exigences dans leur travail quotidien.

- Effectuer des audits réguliers : Examinez périodiquement

vos pratiques marketing, vos documents et vos processus de traitement des données pour assurer une conformité continue aux lois et réglementations applicables.

- Demandez l'avis d'experts : consultez des experts juridiques et réglementaires, au besoin, pour vous aider à résoudre des problèmes de conformité complexes et à rester informé des modifications apportées aux lois et règlements qui peuvent avoir une incidence sur vos activités de marketing.

En conclusion, naviguer dans la conformité légale et réglementaire dans le marketing est crucial pour protéger les consommateurs, préserver la réputation de votre entreprise, éviter les amendes et les pénalités et favoriser une culture de conformité. En se concentrant sur des domaines clés tels que la publicité et les promotions, la protection des consommateurs, la protection de la vie privée et des données, et la propriété intellectuelle, et en utilisant des stratégies telles que l'élaboration d'un programme de conformité, l'attribution des responsabilités, la formation des employés, la réalisation d'audits réguliers et la recherche de conseils d'experts, votre entreprise peut gérer efficacement ses obligations de conformité et maintenir des pratiques de marketing éthiques.

Partie 3 : Marketing socialement responsable

Le marketing socialement responsable implique de tenir compte des impacts sociaux et environnementaux plus larges de vos activités de marketing et de s'efforcer de promouvoir un changement positif grâce à vos efforts de marketing. Il reflète l'engagement d'une entreprise envers la responsabilité sociale d'entreprise (RSE) et sa volonté de contribuer au bien-être de ses clients, de la communauté et de l'environnement. Dans cette partie, nous discuterons des principes du marketing socialement responsable et fournirons des conseils sur la façon d'intégrer ces principes dans vos stratégies de marketing.

1. Principes du marketing socialement responsable :

- Promouvoir la durabilité: Efforcez-vous de réduire l'impact environnemental de vos activités de marketing et d'encourager une consommation durable en promouvant des produits et des pratiques écologiques.

- Soutenir le bien-être de la communauté : Utilisez vos efforts de marketing pour résoudre les problèmes sociaux, soutenir les communautés locales et contribuer à des causes caritatives qui correspondent aux valeurs et à la mission de votre entreprise.

- Encourager la consommation éthique: Promouvoir des produits et des services produits et fournis de manière éthique, dans le respect des droits de l'homme, des pratiques de travail équitables et du bien-être animal.

- Favoriser la diversité et l'inclusion : Assurez-vous que vos messages et images marketing représentent diverses perspectives et tiennent compte des différents antécédents culturels, groupes d'âge, sexes et capacités.

2. Stratégies de mise en œuvre d'un marketing socialement responsable :

- Alignez-vous sur les valeurs de votre marque : Assurez-vous que vos initiatives de marketing socialement responsable reflètent les valeurs fondamentales de votre entreprise et sont authentiques à votre identité de marque.

- Engager les parties prenantes : Collaborez avec les employés, les clients, les fournisseurs et les membres de la communauté pour identifier les problèmes sociaux et environnementaux pertinents pour votre entreprise et développer des initiatives marketing qui répondent à ces préoccupations.

- Communiquez votre impact: Partagez les histoires et les succès de vos efforts de marketing socialement responsable à travers divers canaux de marketing, tels que votre site Web, les médias sociaux et les campagnes par courrier électronique, pour sensibiliser et inspirer les autres à agir.

- Mesurer et rendre compte des progrès : Surveillez l'impact de vos initiatives de marketing socialement responsable à l'aide d'indicateurs clés de performance (KPI) et partagez vos progrès avec les parties prenantes par le biais de rapports annuels sur la RSE ou d'autres communications.

3. Exemples d'initiatives de marketing socialement responsable :

- Marketing lié à la cause: Associez-vous à une organisation ou à une cause à but non lucratif pour sensibiliser et collecter des fonds par le biais de campagnes de marketing conjointes, telles que le don d'une partie des ventes à la cause ou le parrainage d'événements communautaires.

- Marketing vert : Promouvoir des produits et services respectueux de l'environnement, mettre en valeur les initiatives environnementales de votre entreprise et encourager les clients à adopter des comportements durables, tels que le recyclage ou la conservation de l'énergie.

- Marketing du commerce équitable: Soutenez les pratiques de commerce équitable en vous approvisionnant auprès de fournisseurs qui adhèrent aux normes de travail éthiques et en faisant la promotion de ces produits auprès de vos clients.

- Marketing inclusif : Créer des campagnes de marketing qui célèbrent la diversité et l'inclusion, mettant en vedette des personnes de divers horizons et présentant des produits ou des services qui s'adressent à un public diversifié.

En conclusion, le marketing socialement responsable joue un rôle essentiel en démontrant l'engagement de votre entreprise envers la responsabilité sociale de l'entreprise et en contribuant au bien-être de vos clients, de la communauté et de l'environnement. En adoptant les principes du marketing socialement responsable, tels que la promotion de la durabilité, le soutien au bien-être de la communauté, l'encouragement de la consommation éthique, la promotion de la diversité et de l'inclusion, et la mise en œuvre de stratégies telles que l'alignement sur les valeurs de votre marque, l'engagement des parties prenantes, la communication de votre impact et la mesure des progrès, votre entreprise peut faire une différence positive et renforcer sa réputation en tant qu'entreprise responsable et éthique.

Partie 4 : Instaurer la confiance par la transparence et l'authenticité

La confiance est le fondement de solides relations avec les clients et du succès marketing à long terme. En adoptant la transparence et l'authenticité dans vos efforts de marketing, vous pouvez établir la confiance avec votre public cible et créer une clientèle fidèle. Dans cette partie, nous discuterons de l'importance de la transparence et de l'authenticité dans le marketing et fournirons des conseils sur la façon d'établir la confiance avec vos clients grâce à ces principes.

1. L'importance de la transparence et de l'authenticité dans le marketing :

Améliorer la crédibilité: Être transparent et authentique dans vos efforts de marketing démontre l'engagement de votre entreprise envers l'honnêteté, l'intégrité et les pratiques commerciales éthiques, ce qui peut améliorer la crédibilité de votre marque.

- Favoriser la fidélité des clients : les clients sont plus susceptibles de rester fidèles aux marques ouvertes, honnêtes et authentiques dans leurs communications marketing.

- Encourager le bouche-à-oreille positif : La transparence et l'authenticité peuvent conduire à des expériences client positives, ce qui peut générer des références et des recommandations.

- Atténuer le risque de réputation : En étant transparent et authentique, vous pouvez réduire le risque de publicité négative et d'atteinte à la réputation résultant de pratiques de marketing trompeuses ou contraires à l'éthique.

2. Stratégies pour instaurer la confiance par la transparence et l'authenticité :

- Soyez honnête dans vos messages marketing : Assurez-vous que vos supports marketing sont exacts, véridiques et n'induisent pas les clients en erreur ou ne trompent pas. Évitez de faire des réclamations ou des promesses exagérées que vous ne pouvez pas tenir.

- Divulguer des informations pertinentes : Fournir aux clients les informations dont ils ont besoin pour prendre des décisions d'achat éclairées, telles que les spécifications des produits, les détails des prix et toutes les conditions générales applicables.

- Soyez ouvert au sujet de vos pratiques commerciales : Partagez des informations sur les opérations, la chaîne d'approvisionnement et les normes éthiques de votre entreprise pour démontrer votre engagement envers des pratiques commerciales responsables.

- Partagez l'histoire de votre entreprise : communiquez l'histoire, la mission et les valeurs de votre entreprise pour aider les clients à comprendre les personnes et les objectifs de votre marque.

- Faites preuve de vulnérabilité et d'humilité : reconnaissez les erreurs ou les lacunes de votre entreprise et démontrez une volonté d'apprendre et de vous améliorer.

3. Exemples d'initiatives marketing transparentes et authentiques :

- Transparence des produits : divulguer clairement les ingrédients, les matériaux ou les informations d'approvisionnement des produits pour aider les clients à comprendre les implications environnementales, sociales et éthiques de leurs achats.

- Tarification transparente : fournissez des informations claires et détaillées sur les prix, y compris les frais, les taxes ou les frais d'expédition, afin que les clients sachent exactement ce qu'ils paient.

- Récit authentique: Utilisez des histoires réelles, des témoignages et des études de cas pour démontrer l'impact de vos produits ou services sur la vie des clients, en présentant à la fois les succès et les défis.

- Dialogue ouvert : encouragez une communication ouverte avec vos clients en répondant à leurs questions, préoccupations et commentaires sur les médias sociaux, les plateformes d'évaluation et autres canaux de communication.

En conclusion, l'établissement de la confiance par la transparence et l'authenticité est essentiel pour établir de solides relations avec les clients et assurer le succès du marketing à long terme. En adoptant des stratégies telles que l'honnêteté dans vos messages marketing, la divulgation d'informations pertinentes, la transparence au sujet de vos pratiques commerciales, le partage de l'histoire de votre entreprise et la vulnérabilité et l'humilité, votre entreprise peut favoriser la confiance, améliorer la crédibilité, encourager la fidélité des clients et atténuer le risque de réputation.

Chapitre 10 : Tendances futures du marketing

Partie 1 : Le rôle croissant de l'intelligence artificielle et de l'apprentissage automatique

Alors que la technologie continue d'évoluer, l'intelligence artificielle (IA) et l'apprentissage automatique (ML) jouent un rôle de plus en plus important dans le marketing. Ces technologies avancées peuvent aider les spécialistes du marketing à optimiser leurs efforts, à obtenir des informations plus approfondies sur les clients et à offrir des expériences plus personnalisées et pertinentes. Dans cette partie, nous discuterons du rôle croissant de l'IA et du ML dans le marketing et explorerons certaines des façons dont ces technologies façonnent l'avenir de l'industrie.

1. L'impact de l'IA et du ML sur le marketing :

- Amélioration de l'analyse des données : l'IA et le ML peuvent traiter et analyser de grandes quantités de données marketing rapidement et efficacement, ce qui permet aux spécialistes du marketing de découvrir des modèles, des tendances et des informations cachés qui seraient difficiles à identifier manuellement.

- Personnalisation améliorée : En analysant le comportement et les préférences des clients , l'IA et le ML peuvent aider les spécialistes du marketing à créer des campagnes marketing hautement personnalisées qui résonnent avec les consommateurs individuels et stimulent l'engagement.

  Automatisation et efficacité: Les outils alimentés par l'IA peuvent automatiser de nombreuses tâches marketing de routine, telles que la génération de contenu, le marketing par e-mail et la gestion des médias sociaux, libérant ainsi du temps pour que les spécialistes du marketing puissent se concentrer sur des initiatives plus stratégiques.

- Analyse prédictive : les algorithmes de ML peuvent analyser les données historiques pour prédire les comportements, les préférences et les tendances futurs des clients, permettant aux spécialistes du marketing de prendre des décisions plus éclairées et d'optimiser leurs campagnes.

2. Exemples d'applications d'IA et de ML dans le marketing :

- Chatbots et assistants virtuels: Les chatbots et les assistants virtuels alimentés par l'IA peuvent fournir un support client en temps réel, répondre aux questions et guider les utilisateurs tout au long du processus d'achat, améliorant ainsi l'expérience client globale.

- Génération et conservation de contenu: Les outils basés sur l'IA peuvent créer et organiser du contenu à des fins de marketing, tels que des articles de blog, des mises à jour de médias sociaux et même des scripts vidéo, en fonction de paramètres spécifiques et des préférences du public.

- Segmentation et ciblage de la clientèle: les algorithmes ML peuvent analyser les données client pour identifier des segments significatifs et cibler ces groupes avec des messages marketing, des offres et des promotions personnalisés.

- Analyse des sentiments: L'IA peut analyser les médias sociaux et les avis en ligne pour évaluer le sentiment des consommateurs à l'égard d'une marque, d'un produit ou d'un service, fournissant ainsi un retour précieux aux spécialistes du marketing pour affiner leurs stratégies.

3. Préparer l'avenir de l'IA et du ML dans le marketing :

- Restez informé : Tenez-vous au courant des derniers développements en matière de technologies d'IA et de ML et de leurs applications dans le marketing, en vous assurant d'être au courant des tendances émergentes et des meilleures pratiques.

- Investissez dans le développement des compétences : encouragez votre équipe marketing à développer des compétences en IA et en ML, telles que l'analyse de données, la programmation et les techniques d'apprentissage automatique.

- Expérimentez avec des outils alimentés par l'IA: Testez et évaluez différents outils et plates-formes de marketing basés sur l'IA pour déterminer ceux qui répondent le mieux à vos besoins et peuvent vous aider à atteindre vos objectifs marketing.

- Collaborez avec des experts : Associez-vous à des experts ou à des consultants en IA et ML pour tirer parti de leurs connaissances et de leur expertise dans la mise en œuvre de ces technologies dans vos efforts de marketing.

En conclusion, le rôle croissant de l'IA et du ML dans le marketing devrait transformer l'industrie, offrant de nouvelles opportunités pour améliorer l'analyse des données, la personnalisation, l'automatisation et l'analyse prédictive. En restant informés de ces technologies émergentes, en investissant dans le développement des compétences, en expérimentant des outils alimentés par l'IA et en collaborant avec des experts, les spécialistes du marketing peuvent exploiter efficacement la puissance de l'IA et du ML pour améliorer leurs stratégies marketing et favoriser leur succès futur.

Partie 2 : L'impact de la réalité augmentée et virtuelle

La réalité augmentée (RA) et la réalité virtuelle (RV) changent rapidement le paysage du marketing, offrant aux marques de nouvelles façons immersives d'interagir avec leurs clients. Ces technologies offrent des opportunités innovantes pour créer des campagnes de marketing interactives et expérientielles qui peuvent captiver le public et améliorer les expériences de marque. Dans cette partie, nous discuterons de l'impact de la RA et de la RV sur le marketing et explorerons certaines des façons dont ces technologies façonnent l'avenir de l'industrie.

1. L'impact de la RA et de la RV sur le marketing :

- Expériences client améliorées : la RA et la RV permettent aux spécialistes du marketing de créer des expériences immersives et interactives qui engagent les clients à un niveau plus profond, favorisant ainsi les liens émotionnels avec la marque.

- Amélioration de la visualisation des produits : Ces technologies permettent aux clients de visualiser les produits dans des environnements réalistes et tridimensionnels, ce qui leur permet d'imaginer plus facilement à quoi ressembleront les produits et fonctionneront dans des environnements réels.

- Augmentation de la notoriété et de l'engagement de la marque : Les campagnes marketing innovantes de RA et de RV peuvent générer du buzz et stimuler le partage social, aidant les marques à atteindre de nouveaux publics et à accroître l'engagement.

- Expériences personnalisées: AR et VR peuvent être adaptées aux préférences et comportements individuels, offrant des expériences personnalisées qui répondent aux besoins et aux intérêts uniques de chaque client.

2. Exemples d'applications AR et VR dans le marketing:

- Démonstrations de produits virtuels : les marques peuvent utiliser la réalité virtuelle pour présenter leurs produits dans des environnements 3D immersifs, permettant aux clients d'explorer les caractéristiques et les fonctionnalités dans un cadre virtuel.

- Expériences de vente au détail augmentées : la RA peut être utilisée dans les environnements de vente au détail pour fournir aux clients des informations supplémentaires sur les produits, des cabines d'essayage virtuelles ou des cartes interactives des magasins.

- Contenu de marque immersif : les marques peuvent créer du contenu AR et VR attrayant, tel que des jeux, des vidéos interactives ou des visites virtuelles, pour promouvoir leurs produits et services.

- Expériences d'événements en direct : la RA et la RV peuvent être utilisées pour améliorer les événements en direct, tels que les lancements de produits ou les conférences, en offrant aux participants des expériences virtuelles interactives qui complètent l'événement physique.

3. Préparer l'avenir de la RA et de la RV dans le marketing :

- Restez informé: Tenez-vous au courant des derniers développements dans les technologies AR et VR et leurs applications dans le marketing, en vous assurant que vous êtes au courant des tendances émergentes et des meilleures pratiques.

- Investissez dans le développement des compétences : encouragez votre équipe marketing à développer des compétences en RA et en RV, telles que la création de contenu, la modélisation 3D et la conception de l'expérience utilisateur.

- Expérimentez avec des plateformes AR et VR : Testez et évaluez différents outils et plateformes marketing AR et VR pour déterminer ceux qui répondent le mieux à vos besoins et peuvent vous aider à atteindre vos objectifs marketing.

- Collaborez avec des experts : Associez-vous à des experts ou à des consultants en RA et en RV pour tirer parti de leurs connaissances et de leur expertise dans la mise en œuvre de ces technologies dans vos efforts de marketing.

En conclusion, l'impact de la RA et de la RV sur le marketing devrait révolutionner l'industrie, offrant de nouvelles opportunités pour améliorer l'expérience client, améliorer la visualisation des produits, accroître la notoriété de la marque et personnaliser les expériences. En restant informés de ces technologies émergentes, en investissant dans le développement des compétences, en expérimentant avec des plates-formes AR et VR et en collaborant avec des experts, les spécialistes du marketing peuvent exploiter efficacement la puissance de la RA et de la RV pour améliorer leurs stratégies marketing et favoriser leur succès futur.

Partie 3: L'essor du marketing vocal et conversationnel

La popularité croissante des assistants vocaux et des haut-parleurs intelligents a entraîné un changement significatif dans la façon dont les gens interagissent avec la technologie. Le marketing vocal et conversationnel est en train de devenir des composants essentiels des stratégies marketing modernes, alors que les marques s'efforcent de créer des expériences plus naturelles et attrayantes pour leurs clients. Dans cette partie, nous discuterons de l'essor du marketing vocal et conversationnel et explorerons certaines des façons dont ces tendances façonnent l'avenir de l'industrie.

1. L'impact du marketing vocal et conversationnel sur le marketing :

- Amélioration de l'engagement client : Le marketing vocal et conversationnel permet aux marques de se connecter avec leurs clients grâce à des interactions plus naturelles et intuitives, ce qui se traduit par des niveaux d'engagement plus élevés.

- Personnalisation améliorée : En exploitant les données des interactions vocales, les spécialistes du marketing peuvent obtenir des informations précieuses sur les préférences individuelles des clients et adapter leurs efforts marketing en conséquence.

- Portée élargie : Le marketing vocal permet aux marques d'atteindre de nouveaux publics, tels que les utilisateurs malvoyants ou ceux qui préfèrent les interactions mains libres.

- Efficacité accrue : le marketing conversationnel peut rationaliser le parcours client en fournissant un accès rapide et facile à l'information et à l'assistance grâce à des interactions vocales.

2. Exemples d'applications de marketing vocal et conversationnel :

- Contenu à commande vocale : les marques peuvent créer du

contenu à commande vocale, tel que des podcasts, des points de presse ou des méditations guidées, accessibles via des assistants vocaux et des haut-parleurs intelligents.

Optimisation de la recherche vocale: À mesure que la recherche vocale devient plus répandue, les spécialistes du marketing doivent optimiser leur contenu et la structure de leur site Web pour être facilement détectables grâce à des requêtes vocales.

- Publicité vocale : les marques peuvent tirer parti des annonces vocales sur des plateformes telles qu'Amazon Alexa ou Google Assistant pour atteindre les clients via du contenu audio et des appareils à commande vocale.

- Chatbots et assistants virtuels: Les chatbots conversationnels alimentés par l'IA peuvent fournir un soutien et une assistance personnalisés via des interactions vocales ou textuelles, guidant les clients tout au long du processus d'achat et répondant aux questions fréquemment posées.

3. Se préparer à l'avenir du marketing vocal et conversationnel :

- Restez informé: Tenez-vous au courant des derniers développements dans les technologies de marketing vocal et conversationnel et leurs applications dans le marketing, en vous assurant que vous êtes au courant des tendances émergentes et des meilleures pratiques.

- Investissez dans le développement des compétences : encouragez votre équipe marketing à développer des compétences en marketing vocal et conversationnel, telles que la conception d'interfaces utilisateur vocales, la rédaction conversationnelle et l'optimisation de la recherche vocale.

- Expérimentez avec des plateformes vocales : Testez et évaluez différents outils et plateformes de marketing vocal et conversationnel afin de déterminer celles qui répondent le mieux à vos besoins et peuvent vous aider à atteindre vos objectifs marketing.

- Collaborez avec des experts : Associez-vous à des experts en marketing vocal et conversationnel ou à des consultants pour tirer parti de leurs connaissances et de leur expertise dans la mise en œuvre de ces technologies dans vos efforts de marketing.

En conclusion, l'essor du marketing vocal et conversationnel devrait transformer l'industrie, offrant de nouvelles opportunités pour améliorer l'engagement des clients, améliorer la personnalisation, étendre la portée et accroître l'efficacité. En restant informés de ces tendances émergentes, en investissant dans le développement des compétences, en expérimentant des plateformes vocales et en collaborant avec des experts, les spécialistes du marketing peuvent exploiter efficacement la puissance du marketing vocal et conversationnel pour améliorer leurs stratégies marketing et favoriser leur succès futur.

Partie 4: Se préparer pour l'avenir du marketing et au-delà

Alors que le paysage marketing continue d'évoluer, il est crucial pour les spécialistes du marketing de rester à l'avant-garde des tendances et des technologies émergentes pour s'assurer que leurs stratégies restent pertinentes et efficaces. Cette dernière partie du chapitre fournira des informations sur la façon de se préparer à l'avenir du marketing et au-delà, y compris des conseils pour rester informé, favoriser une culture de l'innovation et accueillir le changement.

1. Restez informé et proactif :

- Surveillez les nouvelles de l'industrie: Tenez-vous au courant des derniers développements en matière de marketing, de technologie et de comportement des consommateurs pour rester informé des tendances émergentes et des meilleures pratiques.

- Participer à des événements de l'industrie: Assistez à des conférences, des ateliers et des webinaires pour obtenir des idées de leaders d'opinion, en apprendre davantage sur les nouvelles technologies et réseauter avec des pairs.

- Investissez dans la formation continue : Encouragez votre équipe marketing à saisir les occasions de perfectionnement professionnel, telles que les cours en ligne, les certifications ou les ateliers, afin de se tenir au courant des derniers outils et techniques de marketing.

2. Favoriser une culture de l'innovation et de l'expérimentation :

- Encouragez la créativité : Créez un environnement qui soutient et célèbre la pensée créative et encouragez votre équipe à explorer de nouvelles idées et approches.

- Accepter l'échec : Reconnaître que toutes les expériences ne seront pas couronnées de succès et considérer les échecs comme des occasions d'apprentissage précieuses qui peuvent éclairer les stratégies futures.

- Mettre en œuvre des méthodologies agiles: Adoptez des pratiques de marketing agiles, telles que la planification itérative et la prise de décision basée sur les données, pour permettre à votre équipe de s'adapter rapidement aux conditions changeantes du marché et aux préférences des consommateurs.

3. Adopter de nouvelles technologies et plateformes :

- Évaluer les outils émergents: Évaluez régulièrement les derniers outils et plateformes de marketing pour déterminer ceux qui ont le potentiel d'améliorer vos efforts de marketing et de vous aider à atteindre vos objectifs.

- Investissez dans la technologie : allouez des ressources pour investir dans de nouvelles technologies capables de rationaliser vos processus marketing, d'améliorer l'expérience client et de stimuler la croissance.

- Collaborer avec des experts: Collaborez avec des experts en technologie ou des consultants pour tirer parti de leurs connaissances et de leur expertise dans la mise en œuvre de nouveaux outils et plates-formes dans vos efforts de marketing.

4. Mettre l'accent sur l'orientation client :

- Donnez la priorité au client : Assurez-vous que vos stratégies marketing donnent la priorité aux besoins, aux préférences et aux attentes de vos clients, favorisant ainsi la fidélisation et la promotion à long terme.

- Adoptez la personnalisation : exploitez les données et les informations pour créer des expériences marketing personnalisées qui répondent aux préférences et aux comportements individuels des clients.

- Optimiser en permanence le parcours client : évaluez et affinez régulièrement vos points de contact client pour garantir une expérience fluide et agréable sur tous les canaux et étapes du parcours de l'acheteur.

5. Préparez-vous à des pratiques de marketing éthiques et durables :

- S'engager envers le marketing éthique: Développer et adhérer à un code d'éthique qui décrit l'engagement de votre organisation envers des pratiques de marketing responsables, honnêtes et transparentes.

- Donner la priorité à la durabilité : Intégrez des pratiques durables dans vos efforts de marketing, telles que la réduction des déchets, l'adoption de matériaux respectueux de l'environnement et le soutien de causes sociales.

- Renforcer la confiance et l'authenticité : favorisez des relations durables avec les clients en étant transparent, authentique et responsable dans toutes vos initiatives marketing.

En conclusion, se préparer pour l'avenir du marketing et au-delà nécessite de rester informé, de favoriser une culture de l'innovation, d'adopter de nouvelles technologies, de se concentrer sur l'orientation client et de s'engager dans des pratiques éthiques et durables. En adoptant ces stratégies, les spécialistes du marketing peuvent naviguer efficacement dans le paysage marketing en constante évolution et assurer le succès continu de leurs marques.

En conclusion, « The Art of Marketing: Mastering Strategies for Success in a Dynamic Landscape » a fourni une exploration complète du monde multiforme du marketing, en approfondissant les principes clés, les stratégies, les outils et les tendances futures qui façonnent l'industrie. En examinant ces divers aspects du marketing, ce livre vise à doter les lecteurs des connaissances, des idées et des meilleures pratiques nécessaires pour exceller dans ce domaine en évolution rapide.

Tout au long du livre, nous avons exploré les éléments fondamentaux du marketing, de la compréhension du marketing mix, de la segmentation du marché et du ciblage, au positionnement et à la différenciation, en passant par la construction d'une identité de marque forte. Nous avons également examiné le rôle essentiel du comportement des consommateurs dans le marketing, en discutant des facteurs qui influencent les choix des consommateurs et de la façon dont les spécialistes du marketing peuvent tirer parti de ces informations pour créer des campagnes plus efficaces.

En outre, le livre s'est penché sur l'importance d'élaborer des stratégies de marketing convaincantes et d'utiliser la narration comme un outil puissant pour se connecter avec le public. Les chapitres sur la maîtrise du marketing numérique et les décisions de marketing basées sur les données ont mis en évidence le rôle essentiel que joue la technologie dans le marketing moderne, en discutant des divers outils et techniques disponibles pour les spécialistes du marketing pour atteindre et engager les clients à l'ère numérique.

De plus, nous avons couvert l'art de créer des campagnes marketing réussies et l'importance d'établir des relations à long terme avec les clients grâce à des stratégies CRM, à la personnalisation et aux programmes de fidélisation. Le livre a également abordé l'importance des pratiques de marketing éthiques, soulignant la nécessité pour les spécialistes du marketing de donner la priorité à la transparence, à l'authenticité et à la responsabilité sociale dans leurs efforts.

Enfin, nous avons discuté des tendances futures en marketing, y compris le rôle croissant de l'intelligence artificielle, de la réalité augmentée et virtuelle, du marketing vocal et conversationnel, et de l'importance de se préparer à ces technologies et pratiques émergentes. En restant informés, en favorisant une culture de l'innovation, en adoptant de nouvelles technologies, en mettant l'accent sur l'orientation client et en s'engageant dans des pratiques éthiques et durables, les spécialistes du marketing peuvent naviguer avec succès dans le paysage marketing en constante évolution et assurer le succès continu de leurs marques.

Dans un monde où le marketing est en constante évolution, ce livre constitue une ressource précieuse pour les spécialistes du marketing débutants et expérimentés, fournissant un guide complet pour naviguer dans les complexités de l'industrie. En maîtrisant les stratégies, les outils et les techniques décrits dans ce livre, les lecteurs seront bien préparés à relever les défis et à saisir les opportunités offertes par le monde dynamique du marketing, leur permettant ainsi de créer des campagnes marketing significatives, percutantes et réussies qui résonnent avec leurs publics cibles et stimulent la croissance de l'entreprise.

Nous espérons que « The Art of Marketing » vous a inspiré et vous a permis d'embrasser les possibilités infinies que le marketing a à offrir, et nous vous encourageons à utiliser les connaissances et les idées acquises dans ce livre pour affiner continuellement vos compétences en marketing, repousser les limites de l'innovation et contribuer à façonner l'avenir de cette industrie passionnante et en constante évolution.

NOTES:

NOTES:

NOTES:

NOTES:

NOTES:

NOTES: